İtalyan Sofrası 2023

İtalyan Yemekleri ile Yolculuk"

Maria Rossi

İÇİNDEKİLER

Ispanak ve Patates Gnocchi 9

Domates ve Zeytin Soslu Deniz Mahsüllü Gnocchi 13

Pembe Soslu Yeşil Gnocchi 17

İrmik Gnocchi 20

Abruzzese Ekmek Köfte 22

Ricotta Dolgulu Krepler 25

Abruzzese Krep ve Mantarlı Timbale 28

Et Soslu Toskana El Yapımı Spagetti 32

Sarımsaklı Ekmek Kırıntılı Pici 35

İrmik Makarna Hamuru 37

Ragù ile Cavatelli 39

Kalamar ve Safranlı Cavatelli 41

Roka ve Domatesli Cavatelli 44

Domuz Ragù ile Orecchiette 46

Brokoli Rabe ile Orecchiette 48

Karnabahar ve Domatesli Orecchiette 50

Sosis ve Lahana ile Orecchiette 52

Kılıç Balığı ile Orecchiette 54

Beyaz Risotto 62

Safranlı Risotto, Milano Usulü 65

kuşkonmazlı risotto 68

Kırmızı Biberli Risotto 71

Domates ve Roka Risotto 74

Kırmızı Şarap ve Radicchio ile Risotto 77

Kremalı Karnabaharlı Risotto 80

Limonlu Risotto 83

ıspanaklı risotto 85

Altın Kabak Risotto 88

Bezelye ile Venedik Risotto 90

İlkbahar Risottosu 92

Domatesli ve Fontinalı Risotto 95

Karides ve Kereviz Risotto 98

"Deniz Meyveleri" ile Risotto 102

"Deniz ve Dağ" Risotto 105

Siyah Risotto 107

Gevrek Risotto Gözleme 111

mandalina granit 114

Çilek Şarabı Granita 116

kahve granit 118

Narenciye ve Campari Granita 120

Beyaz Şeftali ve Prosecco Granita 122

çikolata Şerbeti 124

Prosecco Limon Slush ... 126

Pembe Prosecco Slush ... 128

"Kremalı" Dondurma ... 130

limonlu dondurma ... 132

Ricotta Dondurma ... 133

Limon, Otlar ve Sarımsaklı Kuzu Budu ... 137

Kızarmış Kuzu – Kabak Dolması ... 139

Beyaz Şarap ve Otlar ile Tavşan ... 141

zeytinli tavşan ... 143

Tavşan, Porchetta Usulü ... 145

domatesli tavşan ... 147

Tatlı ve Ekşi Kızarmış Tavşan ... 149

Patatesli Kızarmış Tavşan ... 151

marine edilmiş enginar ... 153

Roma Usulü Enginar ... 155

Kızarmış Enginar ... 157

Enginar, Yahudi Usulü ... 159

Roma Baharı Sebze Yahnisi ... 161

Çıtır Enginar Kalbi ... 163

enginar dolması ... 165

Sicilya Usulü Enginar Dolması ... 167

Kuşkonmaz "Tavada" ... 170

Yağ ve Sirke ile Kuşkonmaz 171

Limon Tereyağlı Kuşkonmaz 173

Çeşitli Soslarla Kuşkonmaz 175

Kapari-Yumurta Soslu Kuşkonmaz 176

Parmesan ve Tereyağlı Kuşkonmaz 178

Kuşkonmaz ve Prosciutto Paketleri 180

kavrulmuş Kuşkonmaz 182

Zabaglione'de Kuşkonmaz 183

Taleggio ve Çam Fıstığı ile Kuşkonmaz 185

Kuşkonmaz 187

Köy Usulü Fasulye 189

Toskana Fasulyesi 191

Fasulye salatası 193

Fasulye ve Lahana 195

Domates-Adaçayı Soslu Fasulye 197

Nohut Yahnisi 199

Acı Yeşillikli Bakla 201

Taze Bakla, Roma Usulü 203

Taze Bakla, Umbria Usulü 205

Yağlı ve Limonlu Brokoli 207

Brokoli, Parma Usulü 209

Sarımsaklı ve Acı Biberli Brokoli Rabe 211

prosciutto ile brokoli 213

Brokoli Rabe ile Ekmek Lokmaları 215

Ispanak ve Patates Gnocchi

Gnocchi di Patate ve Spinaci

6 porsiyon yapar

İtalya'da pek sık yapılmasa da, bazen gnocchi'yi güveç veya rosto ile servis etmeyi severim. Sosu güzelce emerler ve patates püresi veya polentadan hoş bir değişiklik yaparlar. Bu gnocchi'leri (sos ve peynir olmadan) yemeklerin yanında deneyin.<u>Roma Usulü Öküz Kuyruğu Yahnisi</u>veya<u>Friuli Usulü Sığır Yahni</u>.

1 1/2 pound fırında patates

1 (10 ons) ıspanak torbası, kesilmiş

Tuz

2 su bardağı çok amaçlı un, artı gnocchi'yi şekillendirmek için daha fazlası

1 büyük yumurta, dövülmüş

1/2 bardak <u>Tereyağı ve Adaçayı Sosu</u>

1 su bardağı taze rendelenmiş Parmigiano-Reggiano

1. Patatesleri, üzerini örtecek kadar soğuk suyla büyük bir tencereye koyun. Tencereyi örtün ve kaynamaya getirin. Patatesler bıçakla delinene kadar yaklaşık 20 dakika pişirin.

2. Ispanağı 1/2 bardak su ve tadına göre tuz ile büyük bir tencereye koyun. Örtün ve ıspanak yumuşayana kadar yaklaşık 2 ila 3 dakika pişirin. Ispanağı süzün ve soğumaya bırakın. Ispanağı bir havluya koyun ve sıvıyı sıkın. Ispanağı çok ince doğrayın.

3. Patatesler henüz sıcakken kabuklarını soyun ve iri iri doğrayın. Patatesleri bir öğütücünün veya gıda değirmeninin en küçük deliklerini kullanarak veya bir patates ezici ile elle ezin. Ispanağı, yumurtayı ve 2 çay kaşığı tuzu ekleyin. 1 1/2 bardak unu sadece karışana kadar karıştırın. Hamur sert olacaktır.

4. Patatesleri unlu bir yüzeye kazıyın. Kısa bir süre yoğurun, kalan unu gerektiği kadar ekleyerek yumuşak bir hamur yapın, böylece gnocchi piştiğinde şeklini koruyacak, ancak ağırlaşacak kadar fazla olmayacak. Hamur biraz yapışkan olmalıdır. Şüpheniz varsa, küçük bir tencerede su kaynatın ve test olarak hamurdan bir parça atın. Gnocco yüzeye çıkana kadar pişirin. Hamur dağılmaya başlarsa, daha fazla un ekleyin. Yoksa hamur güzel.

5.Hamuru bir an için kenara koyun. Hamur artıklarını çıkarmak için tahtayı kazıyın. Ellerinizi yıkayın ve kurulayın, ardından un serpin. Bir veya iki büyük fırın tepsisini yerleştirin ve üzerlerine un serpin.

6.Hamuru 8 parçaya kesin. Kalan hamuru kapalı tutarak, bir parçayı yaklaşık 3/4 inç kalınlığında uzun bir ip haline getirin. İpi 1/2 inçlik külçeler halinde kesin.

7.Hamuru şekillendirmek için, bir elinizde dişleri aşağı bakacak şekilde bir çatal tutun. Diğer elinizin başparmağıyla, her bir hamur parçasını dişlerin arkasından yuvarlayın, bir tarafta çıkıntılar ve diğer tarafta girinti yapmak için hafifçe bastırın. Gnocchi'nin hazırlanan tavalara düşmesine izin verin. Parçalar temas etmemelidir. Kalan hamurla tekrarlayın.

8.Gnocchi'yi pişirmeye hazır olana kadar soğutun. (Gnocchi de dondurulabilir. Fırın tepsilerini bir saat veya sertleşene kadar dondurucuya yerleştirin. Gnocchi'yi büyük, ağır hizmet tipi bir plastik torbaya koyun. Bir aya kadar dondurun. Pişirmeden önce eritmeyin.)

9.Sosu hazırlayın. Gnocchi'yi pişirmek için büyük bir tencereye su kaynatın. Tatmak için tuz ekleyin. Suyun yavaşça kaynaması için ısıyı azaltın. Gnocchi'nin yaklaşık yarısını suya bırakın. Gnocchi yüzeye çıktıktan sonra yaklaşık 30 saniye pişirin. Gnocchi'yi oluklu bir kaşıkla tencereden alın ve parçaları iyice süzün.

10. Isıtılmış sığ bir servis kasesini hazırlayın. Kaseye ince bir acı sos tabakası dökün. Gnocchi'yi ekleyin ve yavaşça atın. Kalan gnocchileri de aynı şekilde pişirin. Üzerine biraz daha sos gezdirin ve peynir serpin. Sıcak servis yapın.

Domates ve Zeytin Soslu Deniz Mahsüllü Gnocchi

Gnocchi di Pesce con Salsa di Olive

6 porsiyon yapar

Sicilya'da patates gnocchi'leri bazen dil balığı veya başka bir narin balıkla tatlandırılır. Onlara biraz baharatlı domates sosu ile servis ediyorum ama tereyağı ve ot sosu da lezzetli olur. Bu makarnada peynir gerekli değildir.

1 pound fırında patates

¼ su bardağı zeytinyağı

1 küçük soğan, ince kıyılmış

1 diş sarımsak

12 ons taban veya diğer hassas beyaz balık filetosu, 2 inçlik parçalar halinde kesilmiş

½ su bardağı sek beyaz şarap

Tuz ve taze çekilmiş karabiber

1 büyük yumurta, dövülmüş

Yaklaşık 2 su bardağı çok amaçlı un

Sos

¼ su bardağı zeytinyağı

1 yeşil soğan, doğranmış

2 hamsi filetosu

1 yemek kaşığı siyah zeytin ezmesi

2 su bardağı soyulmuş, çekirdekleri çıkarılmış ve doğranmış taze domates veya süzülmüş ve doğranmış konserve ithal İtalyan domatesleri

2 yemek kaşığı kıyılmış taze düz yapraklı maydanoz

Tuz ve taze çekilmiş karabiber

1. Patatesleri üzerini örtecek kadar soğuk suyla bir tencereye koyun. Bir kaynamaya getirin ve bir bıçakla delinene kadar çok yumuşayana kadar pişirin. Süzün ve soğumaya bırakın.

2. Orta boy bir tavada, soğan ve sarımsağı zeytinyağında orta ateşte soğan yumuşayana kadar 5 dakika pişirin. Balıkları ekleyin ve 1 dakika pişirin. Tatmak için şarap ve tuz ve karabiber ekleyin. Balık yumuşayana ve sıvı çoğunlukla buharlaşana kadar yaklaşık 5 dakika pişirin. Soğumaya bırakın, ardından tava içeriğini bir mutfak robotu veya karıştırıcıya kazıyın. Pürüzsüz olana kadar püre yapın.

3.Büyük tavaları folyo veya plastik sargı ile kaplayın. Patatesleri bir öğütücüden veya yemek değirmeninden geçirerek büyük bir kaseye alın. Balık püresini ve yumurtayı ekleyin. Unu ve tuzu azar azar ilave ederek biraz ele yapışan bir hamur elde edin. Pürüzsüz ve iyi karışana kadar kısaca yoğurun.

4.Hamuru 6 parçaya bölün. Kalan hamuru kapalı tutarak, bir parçayı yaklaşık 3/4 inç kalınlığında uzun bir ip haline getirin. İpi 1/2 inç uzunluğunda külçeler halinde kesin.

5.Hamuru şekillendirmek için, bir elinizde dişleri aşağı bakacak şekilde bir çatal tutun. Diğer elinizin başparmağıyla, her bir hamur parçasını dişlerin arkasından yuvarlayın, bir tarafta çıkıntılar ve diğer tarafta girinti yapmak için hafifçe bastırın. Gnocchi'nin hazırlanan tavalara düşmesine izin verin. Parçalar temas etmemelidir. Kalan hamurla tekrarlayın.

6.Gnocchi'yi pişirmeye hazır olana kadar soğutun. (Gnocchi de dondurulabilir. Fırın tepsilerini bir saat veya sertleşene kadar dondurucuya yerleştirin. Gnocchi'yi büyük, ağır hizmet tipi bir plastik torbaya koyun. 1 aya kadar dondurun. Pişirmeden önce eritmeyin.)

7.Sos için, yağı büyük bir tavada yeşil soğanla birleştirin. Hamsi filetolarını ekleyin ve hamsiler eriyene kadar yaklaşık 2 dakika pişirin. Zeytin ezmesi, domates ve maydanozu karıştırın. Tuz ve karabiber ekleyin ve domates suları hafifçe koyulaşana kadar 8 ila 10 dakika pişirin. Sosun yarısını büyük, ılık bir servis kasesine alın.

8. Gnocchi'yi hazırlayın: Büyük bir tencereye su kaynatın. Tatmak için tuz ekleyin. Suyun yavaşça kaynaması için ısıyı azaltın. Gnocchi'nin yaklaşık yarısını suya bırakın. Gnocchi yüzeye çıktıktan sonra yaklaşık 30 saniye pişirin. Gnocchi'yi oluklu bir kaşıkla tencereden alın ve parçaları iyice süzün. Gnocchi'yi servis kasesine alın. Kalan gnocchileri de aynı şekilde pişirin. Kalan sosu ekleyin ve hafifçe karıştırın. Hemen servis yapın.

Pembe Soslu Yeşil Gnocchi

Salsa Rossa'da Gnocchi Verdi

6 porsiyon yapar

Bu köfteleri ilk olarak Roma'da yedim, ancak bunlar daha çok Emilia-Romagna ve Toskana'ya özgü. Patates gnocchi'den daha hafiftirler ve doğranmış yeşillikler onlara bir yüzey dokusu verir, bu nedenle köfteleri çatal üzerinde şekillendirmeye gerek yoktur. Bir değişiklik için, onları gezdirmeyi deneyin. <u>Tereyağı ve Adaçayı Sosu</u>.

3 bardak <u>pembe sos</u>

1 pound ıspanak, sapları çıkarıldı

1 pound İsviçre pazı, sapları çıkarıldı

¼ su bardağı su

Tuz

2 yemek kaşığı tuzsuz tereyağı

¼ su bardağı ince kıyılmış soğan

1 pound tam veya kısmen yağsız ricotta

2 büyük yumurta

1 1/2 su bardağı taze rendelenmiş Parmigiano-Reggiano

1/4 çay kaşığı öğütülmüş hindistan cevizi

Taze çekilmiş karabiber

1 1/2 su bardağı çok amaçlı un

1. Sosu hazırlayın. Ardından, büyük bir tencerede iki yeşillik, su ve tuzu tatmak için birleştirin. 5 dakika veya solana ve yumuşayana kadar pişirin. Süzün ve soğumaya bırakın. Yeşillikleri bir havluya sarın ve sıvıyı çıkarmak için sıkın. İnce doğrayın.

2. Orta boy bir tavada, orta ateşte tereyağını eritin. Soğanı ekleyin ve sık sık karıştırarak altın rengi olana kadar yaklaşık 10 dakika pişirin.

3. Büyük bir kapta, ricotta, yumurta, 1 bardak Parmigiano-Reggiano, hindistan cevizi ve tuz ve karabiberi birlikte çırpın. Soğanı ve doğranmış yeşillikleri ekleyin ve iyice karıştırın. Unu iyice karışana kadar karıştırın. Hamur yumuşak olacak.

4. Fırın tepsilerini parşömen veya yağlı kağıtla kaplayın. Ellerinizi soğuk suyla nemlendirin. Hamurdan bir yemek kaşığı kadar alın. Hafifçe 3/4 inçlik bir top haline getirin. Topu bir fırın tepsisine yerleştirin. Kalan hamurla tekrarlayın. Plastik sargıyla örtün ve pişirmeye hazır olana kadar soğutun.

5. En az 4 litre suyu kaynatın. Tatmak için tuz ekleyin. Isıyı biraz düşürün. Gnocchi'nin yarısını birer birer ekleyin. Yüzeye çıktıklarında 30 saniye daha pişirin.

6. Sıcak sosun yarısını sıcak servis tabağına alın. Gnocchi'leri oluklu bir kaşıkla çıkarın ve iyice süzün. Onları tabağa ekleyin. Kalan gnocchileri de aynı şekilde pişirirken üzerini kapatın ve sıcak tutun. Kalan sosu ve peyniri üzerine gezdirin. Sıcak servis yapın.

İrmik Gnocchi

Gnocchi alla Romana

4 ila 6 porsiyon yapar

İrmiği sıvı ile tamamen pişirdiğinizden emin olun. Az pişirilirse, pişirildiğinde şeklini korumak yerine eriyerek bir kütleye dönüşür. Ama bu gerçekleşse bile, tadı yine de harika olacaktır.

2 bardak süt

2 su bardağı su

1 su bardağı ince irmik

2 çay kaşığı tuz

4 yemek kaşığı tuzsuz tereyağı

2/3 su bardağı taze rendelenmiş Parmigiano-Reggiano

2 yumurta sarısı

1. Orta boy bir tencerede, sütü ve 1 su bardağı suyu orta ateşte kaynayana kadar ısıtın. Kalan 1 su bardağı su ile irmiği karıştırın. Karışımı sıvıya kazıyın. Tuzu ekleyin. Karışım kaynayana kadar sürekli karıştırarak pişirin. Isıyı düşük

seviyeye indirin ve iyice karıştırarak 20 dakika veya karışım çok kalın olana kadar pişirin.

2. Tencereyi ocaktan alın. 2 yemek kaşığı tereyağı ve peynirin yarısını ekleyin. Yumurta sarılarını çırpma teli ile hızlıca çırpın.

3. Bir fırın tepsisini hafifçe nemlendirin. İrmiği tabakanın üzerine dökün ve metal bir spatula ile 1/2 inç kalınlığında yayın. Soğumaya bırakın, ardından üzerini örtün ve bir saat veya 48 saate kadar soğutun.

4. Fırının ortasına bir raf yerleştirin. Fırını 400 ° F'ye önceden ısıtın. 13 × 9 × 2 inçlik bir fırın tepsisini yağlayın.

5. 1 1/2 inçlik bir çerezi veya bisküvi kesiciyi soğuk suya batırın. İrmikten yuvarlaklar kesin ve parçaları hazırlanan fırın tepsisine hafifçe üst üste gelecek şekilde dizin.

6. Kalan 2 yemek kaşığı tereyağını küçük bir sos tavasında eritin ve gnocchilerin üzerine gezdirin. Kalan peyniri serpin. 20 ila 30 dakika veya altın kahverengi ve köpürene kadar pişirin. Servis yapmadan önce 5 dakika soğumaya bırakın.

Abruzzese Ekmek Köfte

Polpette di Pane al Sugo

6 ila 8 porsiyon yapar

Abruzzo'daki Orlandi Contucci Ponno şarap imalathanesini ziyaret ettiğimde, hem beyaz Trebbiano d'Abruzzo hem de kırmızı Montepulciano d'Abruzzo çeşitlerinin yanı sıra çeşitli karışımları içeren seçkin şaraplarının tadına baktım. Bunlar kadar iyi şaraplar iyi yemekleri hak ediyor ve öğle yemeğimiz hayal kırıklığı yaratmıyordu, özellikle yumurta, peynir ve domates sosunda pişirilmiş ekmek. Daha önce hiç yememiş olmama rağmen, küçük bir araştırma bana bu "etsiz köftelerin" İtalya'nın Calabria ve Basilicata gibi diğer bölgelerinde de popüler olduğunu gösterdi.

Şarap imalathanesinin aşçısı bana, köfteleri ekmeğin mollica'sıyla yaptığını söyledi - ekmeğin kabuğu çıkarılmış ekmeğin içi. Ben bütün ekmekle yapıyorum. Burada aldığım İtalyan ekmeği, İtalya'daki ekmek kadar sağlam olmadığı için, kabuk, mantılara eklenen yapıyı veriyor.

Bunları önceden yapmayı planlıyorsanız, köfteleri sosu çok fazla içmemek için servis saatinden hemen öncesine kadar köfte ve sosu ayrı tutun.

1 12 ons somun İtalyan veya Fransız ekmeği, 1 inçlik parçalar halinde kesilmiş (yaklaşık 8 bardak)

2 bardak soğuk su

3 büyük yumurta

½ su bardağı rendelenmiş Pecorino Romano, artı servis için daha fazlası

¼ su bardağı kıyılmış taze maydanoz

1 diş sarımsak, ince kıyılmış

Kızartma için bitkisel yağ

Sos

1 orta boy soğan, ince kıyılmış

½ su bardağı zeytinyağı

2 (28 ons) kutu ithal İtalyan soyulmuş domatesleri, suyuyla birlikte doğranmış

1 küçük kuru peperoncino, ufalanmış veya bir tutam ezilmiş kırmızı biber

Tuz

6 taze fesleğen yaprağı

1. Ekmeği küçük parçalara ayırın veya yırtın veya ekmeği bir mutfak robotunda kaba kırıntılara öğütün. Ekmeği 20 dakika suda bekletin. Fazla suyu çıkarmak için ekmeği sıkın.

2. Büyük bir kapta yumurta, peynir, maydanoz ve sarımsağı tatmak için bir tutam tuz ve karabiberle çırpın. Ufalanmış ekmekleri katıp iyice karıştırın. Karışım kuru görünüyorsa, başka bir yumurtayı karıştırın. İyice karıştırın. Karışımı golf topu büyüklüğünde toplar haline getirin.

3. Büyük, ağır bir tavaya 1/2 inç derinliğe ulaşacak kadar yağ dökün. Yağı orta ateşte ısıtın, yağa konulduğunda ekmek karışımından bir damla cızırtı gelinceye kadar ısıtın.

4. Topları tavaya ekleyin ve dikkatlice çevirerek her tarafı altın rengi olana kadar yaklaşık 10 dakika pişirin. Topları kağıt havluların üzerine boşaltın.

5. Sosu yapmak için, büyük bir tencerede soğanı zeytinyağında orta ateşte yumuşayana kadar pişirin. Tatmak için domates, peperoncino ve tuz ekleyin. 15 dakika veya hafifçe kalınlaşana kadar pişirin.

6. Ekmek toplarını ekleyin ve sosla yağlayın. 15 dakika daha kaynatın. Fesleğen serpin. Ek peynir ile servis yapın.

Ricotta Dolgulu Krepler

Manikotti

6 ila 8 porsiyon yapar

Birçok aşçı manikotti yapmak için tüp makarna kullansa da, bu annemin Napoliten aile tarifi, kreple yapılmış. Bitmiş manikotti, makarna ile yapılandan çok daha hafiftir ve bazı aşçılar manikottiyi kreple yapmayı daha kolay bulmaktadır.

   3 bardak <u>Napoliten Ragù</u>

krep

1 fincan çok amaçlı un

1 su bardağı su

3 yumurta

½ çay kaşığı tuz

Sebze yağı

dolgu

2 pound tam veya kısmen yağsız ricotta

4 ons taze mozzarella, doğranmış veya rendelenmiş

½ su bardağı taze rendelenmiş Parmigiano-Reggiano

1 büyük yumurta

2 yemek kaşığı kıyılmış taze düz yapraklı maydanoz

Tatmak için taze çekilmiş karabiber

Bir tutam tuz

½ su bardağı taze rendelenmiş Parmigiano-Reggiano

1. Ragù'yu hazırlayın. Daha sonra geniş bir kapta krep malzemelerini pürüzsüz olana kadar çırpın. Örtün ve 30 dakika veya daha fazla soğutun.

2. 6 inçlik yapışmaz tava veya omlet tavasını orta ateşte ısıtın. Tavayı hafifçe yağ ile fırçalayın. Tavayı bir elinizle tutarak krep hamurundan yaklaşık 1/3 fincan kaşıkla koyun. Tabanı ince bir hamur tabakası ile tamamen kaplamak için hemen tavayı kaldırın ve döndürün. Fazla hamuru dökün. Bir dakika veya krepin kenarı kahverengileşip tavadan ayrılmaya başlayana kadar pişirin. Parmaklarınızla krepi ters çevirin ve diğer tarafını hafifçe kızartın. 30 saniye daha veya kahverengi lekelenene kadar pişirin.

3. Pişen krepi servis tabağına alın. Kalan hamurla krep yaparak ve üst üste istifleyerek tekrarlayın.

4. Dolguyu yapmak için, tüm malzemeleri bir araya gelene kadar büyük bir kapta karıştırın.

5. 13 × 9 × 2- inçlik bir pişirme kabına ince bir tabaka sos koyun. Krepleri doldurmak için, bir krepin bir tarafına yaklaşık 1/4 fincan dolguyu uzunlamasına yerleştirin. Krepi silindir şeklinde yuvarlayın ve dikiş yeri aşağı gelecek şekilde fırın tepsisine yerleştirin. Kalan krepleri birbirine yakın yerleştirerek doldurmaya ve yuvarlamaya devam edin. Ek sos üzerine kaşık. Peynir serpin.

6. Fırının ortasına bir raf yerleştirin. Fırını 350 ° F'ye ısıtın. 30 ila 45 dakika veya sos köpürene ve manikotti iyice ısınana kadar pişirin. Sıcak servis yapın.

Abruzzese Krep ve Mantarlı Timbale

Timballo di Scrippelle

8 porsiyon yapar

Büyükannesi Abruzzo bölgesindeki Teramo'dan gelen bir arkadaşı, büyükannesinin tatil için yaptığı mantar ve peynirle kaplanmış lezzetli krep güvecini anardı. İşte o yemeğin Slow Food Editore tarafından yazılan Ricette di Osterie d'Italia kitabından uyarladığım bir versiyonu. Kitaba göre krepler, on yedinci yüzyılda Fransız aşçılar tarafından bölgede tanıtılan ayrıntılı krep hazırlıklarından türemiştir.

2 1/2 bardak <u>Toskana Domates Sosu</u>

krep

5 büyük yumurta

1 1/2 su bardağı su

1 çay kaşığı tuz

1 1/2 su bardağı çok amaçlı un

Kızartma için bitkisel yağ

dolgu

1 su bardağı kuru mantar

1 su bardağı ılık su

¼ su bardağı zeytinyağı

1 pound taze beyaz mantar, durulanır ve kalın dilimler halinde kesilir

1 diş sarımsak, ince kıyılmış

2 yemek kaşığı taze düz yapraklı maydanoz

Tuz ve taze çekilmiş karabiber

12 ons taze mozzarella, dilimlenmiş ve 1 inçlik parçalar halinde yırtılmış

1 su bardağı taze rendelenmiş Parmigiano-Reggiano

1. Domates sosunu hazırlayın. Büyük bir kapta, krep malzemelerini pürüzsüz olana kadar çırpın. Örtün ve 30 dakika veya daha fazla soğutun.

2. 6 inçlik yapışmaz tava veya omlet tavasını orta ateşte ısıtın. Tavayı hafifçe yağ ile fırçalayın. Tavayı bir elinizle tutarak krep hamurundan yaklaşık 1/3 fincan kaşıkla koyun. Tabanı ince bir hamur tabakası ile tamamen kaplamak için hemen tavayı kaldırın ve döndürün. Fazla hamuru dökün. 1 dakika veya krepin

kenarı kahverengileşip tavadan kalkmaya başlayana kadar pişirin. Parmaklarınızla krepi ters çevirin ve diğer tarafını hafifçe kızartın. 30 saniye daha veya kahverengi lekelenene kadar pişirin.

3. Pişen krepi servis tabağına alın. Kalan hamurla krep yapmayı tekrarlayın ve üst üste istifleyin.

4. Doldurmak için kurutulmuş mantarları 30 dakika suda bekletin. Mantarları çıkarın ve sıvıyı ayırın. Toprağın biriktiği gövdelerin uçlarına özellikle dikkat ederek, mantarları soğuk akan su altında durulayın. Mantarları iri iri doğrayın. Mantar suyunu kağıt kahve filtresinden geçirerek bir kaseye süzün.

5. Büyük bir tavada yağı ısıtın. Mantarları ekleyin. Sık sık karıştırarak mantarlar kızarana kadar 10 dakika pişirin. Tatmak için sarımsak, maydanoz ve tuz ve karabiber ekleyin. Sarımsak altın olana kadar yaklaşık 2 dakika daha pişirin. Kurutulmuş mantarları ve sıvılarını karıştırın. 5 dakika veya sıvının çoğu buharlaşana kadar pişirin.

6. Fırının ortasına bir raf yerleştirin. Fırını 375 ° F'ye ısıtın. 13 × 9 × 2 inçlik bir pişirme kabında, ince bir tabaka domates sosu kaşıklayın. Hafifçe üst üste gelecek şekilde bir krep tabakası yapın. Bir kat mantar, mozzarella peyniri, sos ve peynir ile

devam edin. Krep, sos ve rendelenmiş peynir ile biten katmanlamayı tekrarlayın.

7. 45 ila 60 dakika veya sos köpürene kadar pişirin. Servis yapmadan önce 10 dakika dinlendirin. Kareler halinde kesin ve sıcak servis yapın.

Et Soslu Toskana El Yapımı Spagetti

Pici al Ragù

6 porsiyon yapar

Toskana'da ve Umbria'nın bazı bölgelerinde çiğnenen el yapımı makarnalar popülerdir ve genellikle bir et beziyle soslanır. Makarnaya pici veya pinci denir ve "elle uzatılmış" anlamına gelen appicciata kelimesinden türemiştir.

Bunları Montefollonico'da La Chiusa adlı bir restoranda yapmayı öğrendim, burada aşçı her masaya gelir ve müşterilere bunların nasıl yapılacağına dair küçük bir gösteri sunar. Bunları yapmak zaman alıcı olsa da çok kolaydır.

3 su bardağı ağartılmamış çok amaçlı un, artı hamuru şekillendirmek için daha fazlası

Tuz

1 yemek kaşığı zeytinyağı

1 su bardağına yakın su

> 6 bardak Toskana Et Sosu

½ su bardağı taze rendelenmiş Parmigiano-Reggiano

1. Unu ve 1/4 çay kaşığı tuzu büyük bir kaseye koyun ve karıştırmak için karıştırın. Zeytinyağını ortasına dökün. Karışımı yavaş yavaş su ekleyerek karıştırmaya başlayın, hamur bir araya gelip bir top oluşturduğunda durun. Hamuru hafifçe unlanmış bir yüzeye çıkarın ve pürüzsüz ve elastik olana kadar yaklaşık 10 dakika yoğurun.

2. Hamuru bir top haline getirin. Ters çevrilmiş bir kase ile örtün ve 30 dakika bekletin.

3. Büyük bir fırın tepsisine un serpin. Hamuru dörde bölün. Kalan kısmı kapalı tutarken, her seferinde hamurun dörtte biri ile çalışın. Fındık büyüklüğünde küçük parçalar koparın.

4. Hafifçe unlanmış bir yüzeyde, ellerinizi uzatarak, her bir hamur parçasını yaklaşık 1/8 inç kalınlığında ince şeritler oluşturacak şekilde açın. Telleri, aralarında biraz boşluk bırakarak hazırlanan fırın tepsisine yerleştirin. Kalan hamurla tekrarlayın. Makarnayı yaklaşık 1 saat açıkta kurumaya bırakın.

5. Bu arada sosu hazırlayın. Ardından, büyük bir tencerede 4 litre suyu kaynatın. Tatmak için tuz ekleyin. Pici'yi ekleyin ve al dente, yumuşak ama yine de sert olana kadar pişirin. Makarnayı sosla birlikte büyük bir ısıtılmış kaseye boşaltın ve atın. Peyniri serpin ve tekrar atın. Sıcak servis yapın.

Sarımsaklı Ekmek Kırıntılı Pici

Pici con le Briciole

4 ila 6 porsiyon yapar

Bu yemek, Etrüsk kasabası Chiusi yakınlarındaki göl kenarında şirin bir restoran olan La Fattoria'dan.

1 pound Et Soslu Toskana El Yapımı Spagetti, 1'den 6'ya kadar olan adımlar

½ su bardağı zeytinyağı

4 büyük diş sarımsak

½ su bardağı ince kuru ekmek kırıntısı

½ su bardağı taze rendelenmiş Pecorino Romano

1. Makarnayı hazırlayın. Tüm makarnayı alacak kadar büyük bir tavada yağı orta-düşük ateşte ısıtın. Sarımsak dişlerini hafifçe ezin ve tavaya ekleyin. Sarımsak altın olana kadar yaklaşık 5 dakika pişirin. Kahverengi olmasına izin vermeyin. Sarımsağı tavadan çıkarın ve ekmek kırıntılarını karıştırın. Sık sık karıştırarak kırıntılar kızarana kadar yaklaşık 5 dakika pişirin.

2. Bu arada, en az 4 litre suyu kaynatın. Makarnayı ve 2 yemek kaşığı tuzu ekleyin. İyice karıştırın. Yüksek ateşte, sık sık

karıştırarak, makarna al dente, yumuşak ama yine de sertleşene kadar pişirin. Makarnayı süzün.

3.Makarnayı kırıntılarla birlikte tavaya ekleyin ve orta ateşte iyice fırlatın. Peyniri serpin ve tekrar atın. Hemen servis yapın.

İrmik Makarna Hamuru

Yaklaşık 1 pound yapar

Sert durum buğdayından yapılan irmik unu, güney İtalya'da, özellikle Puglia, Calabria ve Basilicata'da birkaç çeşit taze makarna yapmak için kullanılır. Pişirildiğinde, bu makarnalar çiğnenebilir ve sağlam et ve sebze soslarıyla iyi eşleşir. Hamur çok sert. Oldukça zor olmasına rağmen elle yoğurulabilir. Ağır karıştırmayı yapmak için bir mutfak robotu veya ağır iş mikseri kullanmayı tercih ediyorum, ardından kıvamın doğru olduğundan emin olmak için elle kısaca yoğuruyorum.

1 1/2 su bardağı ince irmik unu

1 su bardağı çok amaçlı un, artı toz almak için daha fazlası

1 çay kaşığı tuz

Yaklaşık 2/3 su bardağı ılık su

1. Bir mutfak robotunun veya ağır hizmet tipi bir mikserin kasesinde, kuru malzemeleri birlikte karıştırın. Sert, ele yapışmayan bir hamur yapmak için azar azar su ekleyin.

2. Hamuru hafifçe unlanmış bir yüzeye çevirin. Pürüzsüz olana kadar yaklaşık 2 dakika yoğurun.

3. Hamurun üzerini bir bezle örtüp 30 dakika dinlendirin. İki büyük fırın tepsisine un serpin.

4. Hamuru 8 parçaya kesin. Her seferinde bir parça ile çalışın, kalan parçaları devrilmiş bir kase ile kapatın. Hafifçe unlanmış bir yüzeyde, hamurun bir parçasını yaklaşık 1/2 inç kalınlığında uzun bir ip haline getirin. Hamuru tarif edildiği gibi cavatelli veya orrecchiette şekline getirin. Ragù ile Cavatelli yemek tarifi.

Ragù ile Cavatelli

Cavatelli con Ragù

6 ila 8 porsiyon yapar

Makarna yapım ekipmanlarında uzmanlaşmış mağazalar ve kataloglar genellikle cavatelli yapmak için bir cihaz satar. Eski moda bir kıyma makinesi gibi bir şeye benziyor. Tezgaha kenetleyin, bir ucuna hamurdan bir ip geçirin, krankı çevirin ve diğer uçtan özenle yapılmış cavatelli çıkın. Bu hamurun bir partisini kısa sürede işliyor, ancak sık sık cavatelli yapmadığım sürece bununla uğraşmayacağım.

Cavatelli'yi şekillendirirken, ahşap veya diğer pürüzlü dokulu bir yüzey üzerinde çalışın. Pürüzlü yüzey, makarna hamurunun parçalarını tutacak ve pürüzsüz, kaygan bir tezgah üzerinde olduğu gibi kaymak yerine bıçakla sürüklenmelerine izin verecektir.

<u>Sosis Ragù</u>veya<u>Sicilya Domates Sosu</u>

1 pound<u>İrmik Makarna Hamuru</u>4. adımda hazırlanan

Tuz

1. Ragù veya sosu hazırlayın. Un serpilmiş 2 fırın tepsisi hazırlayın.

2.Hamuru 1/2 inçlik parçalar halinde kesin. Kör ağızlı ve yuvarlak uçlu küçük bir bıçağı, işaret parmağınız bıçağın ağzına bastırarak tutun. Her bir hamur parçasını hafifçe bastırıp sürükleyerek düzleştirin, böylece hamur bir kabuk şekli oluşturacak şekilde bıçağın ucu etrafında kıvrılır.

3.Parçaları hazırlanan tavaların üzerine yayın. Kalan hamurla tekrarlayın. (Cavatelli'yi bir saat içinde kullanmayacaksanız, kalıpları dondurucuya koyun. Parçalar sertleştiğinde plastik bir torbaya koyun ve ağzını sıkıca kapatın. Pişirmeden önce eritmeyin.)

4.Pişirmek için dört litre soğuk suyu yüksek ateşte kaynatın. Cavatelli ve 2 yemek kaşığı tuzu ekleyin. Makarna yumuşayana ve yine de biraz çiğnenene kadar ara sıra karıştırarak pişirin.

5.Kavatelliyi süzün ve ısıtılmış bir servis kasesine dökün. Sos ile atın. Sıcak servis yapın.

Kalamar ve Safranlı Cavatelli

Cavatelli con Sugo di Calamari

6 porsiyon yapar

Kalamarın hafif çiğnenebilir dokusu, bu çağdaş Sicilya tarifinde cavatelli'nin çiğnenebilirliğini tamamlıyor. Sos, un ve zeytinyağı karışımından pürüzsüz, kadifemsi bir doku ve safrandan hoş bir sarı renk alır.

1 çay kaşığı safran ipi

2 yemek kaşığı ılık su

1 orta boy soğan, ince kıyılmış

2 diş sarımsak, çok ince kıyılmış

5 yemek kaşığı zeytinyağı

1 kilo temizlendi<u>kalamar</u>(kalamar), 1/2 inçlik halkalar halinde kesin

½ su bardağı sek beyaz şarap

Tuz ve taze çekilmiş karabiber

1 yemek kaşığı un

1 pound taze veya dondurulmuş cavatelli

¼ su bardağı kıyılmış taze düz yapraklı maydanoz

Sızma zeytinyağı

1. Safranı ılık suda ufalayın ve bir kenara koyun.

2. Tüm makarnayı alacak kadar büyük bir tavada, soğanı ve sarımsağı 4 yemek kaşığı yağda orta ateşte soğan hafifçe altın rengi olana kadar yaklaşık 10 dakika pişirin. Kalamarı ekleyin ve kalamar tamamen opak olana kadar yaklaşık 2 dakika karıştırarak pişirin. Tatmak için şarap ve tuz ve karabiber ekleyin. Bir kaynamaya getirin ve 1 dakika pişirin.

3. Kalan 1 çorba kaşığı yağı ve unu karıştırın. Karışımı kalamarın içine karıştırın. Bir kaynamaya getirin. Safran karışımını ekleyin ve 5 dakika daha pişirin.

4. Bu arada, en az 4 litre suyu kaynatın. Makarnayı ve 2 yemek kaşığı tuzu ekleyin. İyice karıştırın. Makarna yumuşayana ancak biraz pişene kadar sık sık karıştırarak yüksek ateşte pişirin. Haşlama suyunun bir kısmını ayırarak makarnayı süzün.

5. Makarnayı kalamarla tavada karıştırın. Karışım kuru görünüyorsa, ayrılmış pişirme suyundan biraz ekleyin.

Maydanozu katıp iyice karıştırın. Ateşten alın ve biraz sızma zeytinyağı ile gezdirin. Hemen servis yapın.

Roka ve Domatesli Cavatelli

Cavatelli, Rughetta ve Pomodori ile

4 ila 6 porsiyon yapar

Roka en iyi salata yeşili olarak bilinir, ancak Puglia'da genellikle pişirilir veya bu tarifte olduğu gibi sıcak çorba veya makarna yemeklerine son dakikada karıştırılarak soldurulur. Eklediği cevizli baharatlı lezzeti seviyorum.

¼ su bardağı zeytinyağı

2 diş sarımsak, ince kıyılmış

2 pound olgun erik domates, soyulmuş, çekirdekleri çıkarılmış ve doğranmış veya 1 (28 ons) ithal İtalyan soyulmuş domatesleri suyuyla birlikte

Tuz ve taze çekilmiş karabiber

1 pound taze veya dondurulmuş cavatelli

½ su bardağı rendelenmiş ricotta salatası veya Pecorino Romano

1 büyük demet roka, kesilmiş ve ısırık büyüklüğünde parçalara ayrılmış (yaklaşık 2 bardak)

1.Tüm malzemeleri alacak kadar büyük bir tavada, sarımsağı yağda orta ateşte hafif altın rengi olana kadar yaklaşık 2 dakika pişirin. Tatmak için domatesleri ve tuzu ve karabiberi ekleyin. Sosu kaynama noktasına getirin ve koyulaşana kadar yaklaşık 20 dakika pişirin.

2.En az 4 litre suyu kaynatın. Tatmak için makarna ve tuz ekleyin. İyice karıştırın. Yüksek ateşte sık sık karıştırarak makarna yumuşayana kadar pişirin. Haşlama suyunun bir kısmını ayırarak makarnayı süzün.

3.Makarnayı peynirin yarısı ile domates sosuna karıştırın. Rokayı ekleyin ve iyice karıştırın. Makarna çok kuru görünüyorsa, ayrılmış pişirme suyundan biraz ekleyin. Kalan peyniri serpin ve hemen servis yapın.

Domuz Ragù ile Orecchiette

Ragù di Maiale ile Orecchiette

6 ila 8 porsiyon yapar

Arkadaşım Dora Marzovilla, Bari yakınlarındaki Rutigliano'dan geliyor. O uzman bir makarna üreticisi ve onu izleyerek çok şey öğrendim. Dora'nın sadece makarna yapımında kullanılan özel bir ahşap makarna tahtası vardır. Dora, ailesinin New York City restoranı I Trulli için gnocchi, cavatelli, ravioli ve maloreddus (Sardunya safranlı gnocchi) gibi pek çok taze makarna türü yapsa da, orecchiette onun uzmanlık alanıdır.

Orecchiette yapmak, cavatelli yapmaya çok benzer. En büyük fark, makarna kabuğunun daha açık bir kubbe şekline sahip olmasıdır, devrilmiş bir Frizbi gibi bir şey ya da hayali İtalyan hayal gücünde küçük kulaklar, bu yüzden isimlerini aldılar.

> 1 yemek tarifi İrmik Hamuru
>
> 3 bardak Taze Otlar ile Domuz Ragù

½ su bardağı taze rendelenmiş Pecorino Romano

1. Ragù ve hamuru hazırlayın. Un serpilmiş 2 büyük fırın tepsisi hazırlayın. Hamuru 1/2 inçlik parçalar halinde kesin. Kör ağızlı

ve yuvarlak uçlu küçük bir bıçağı, işaret parmağınız bıçağın ağzına bastırarak tutun. Her bir hamur parçasını bıçağın ucuyla düzleştirin, hamur bir disk oluşturacak şekilde hafifçe bastırıp sürükleyin. Her bir diski başparmağınızın ucuna ters çevirerek bir kubbe şekli oluşturun.

2. Parçaları hazırlanan tavaların üzerine yayın. Kalan hamurla tekrarlayın. (Orecchiette'i 1 saat içinde kullanmayacaksanız kalıpları buzluğa koyun. Parçalar sertleşince plastik bir poşete alıp ağzını sıkıca kapatın. Pişirmeden buzunu çözmeyin.)

3. En az 4 litre suyu kaynatın. Tatmak için makarna ve tuz ekleyin. İyice karıştırın. Yüksek ateşte, sık sık karıştırarak, makarna al dente, yumuşak ama yine de ısırılana kadar pişirin. Haşlama suyunun bir kısmını ayırarak makarnayı süzün.

4. Makarnayı paçaya ekleyin. Peyniri ekleyin ve iyice karıştırın, sos çok kalın görünüyorsa, ayrılmış pişirme suyundan biraz ekleyin. Hemen servis yapın.

Brokoli Rabe ile Orecchiette

Orecchiette con Cime di Tecavüz

4 ila 6 porsiyon yapar

Bu neredeyse Puglia'nın resmi yemeğidir ve hiçbir yerde daha lezzetli bulamazsınız. Bazen rapini olarak adlandırılan brokoli rabe gerektirir, ancak şalgam yeşillikleri, hardal, lahana veya normal brokoli de kullanılabilir. Brokoli rabe uzun saplara ve yapraklara ve hoş bir acı tada sahiptir, ancak kaynatmak acının bir kısmını yumuşatır ve yumuşatır.

1 inçlik parçalar halinde kesilmiş 1 demet brokoli (yaklaşık 1 1/2 pound)

Tuz

1/3 su bardağı zeytinyağı

4 diş sarımsak

8 hamsi filetosu

Bir tutam ezilmiş kırmızı biber

1 pound taze orecchiette veya cavatelli

1.Kaynatmak için büyük bir tencereye su getirin. Tatmak için brokoli rabe ve tuz ekleyin. Brokoli rabesini 5 dakika pişirin, sonra süzün. Hala sağlam olmalı.

2.Tencereyi kurutun. Yağı sarımsakla orta-düşük ateşte ısıtın. Hamsi ve kırmızı biberi ekleyin. Sarımsak altın olduğunda, brokoli kabuğunu ekleyin. Brokoliyi yağla kaplamak için iyice karıştırarak yaklaşık 5 dakika çok yumuşayana kadar pişirin.

3.En az 4 litre suyu kaynatın. Tatmak için makarna ve tuz ekleyin. İyice karıştırın. Yüksek ateşte, sık sık karıştırarak, makarna al dente, yumuşak ama yine de ısırılana kadar pişirin. Haşlama suyunun bir kısmını ayırarak makarnayı süzün.

4.Makarnayı brokoli karışımına ekleyin. 1 dakika veya makarna iyice karışana kadar karıştırarak pişirin. Gerekirse pişirme suyundan biraz ekleyin.

Varyasyon: Hamsileri ortadan kaldırın. Makarnayı doğranmış kızarmış badem veya rendelenmiş Pecorino Romano serperek servis edin.

Varyasyon: Hamsileri ortadan kaldırın. 2 İtalyan sosisinin kabuklarını çıkarın. Eti doğrayın ve sarımsak, acı biber ve brokoli püresi ile pişirin. Pecorino Romano serperek servis yapın.

Karnabahar ve Domatesli Orecchiette

Cavolfiore ve Pomodori ile Orecchiette

4 ila 6 porsiyon yapar

Sicilyalı bir akrabam bana bu makarnayı yapmayı öğretti ama Puglia'da da yenir. İsterseniz, kızarmış ekmek kırıntıları için rendelenmiş peynir kullanın.

⅓ su bardağı artı 2 yemek kaşığı zeytinyağı

1 diş sarımsak, ince kıyılmış

3 libre erik domates, soyulmuş, çekirdekleri çıkarılmış ve doğranmış veya 1 (28 ons) ithal İtalyan soyulmuş domates, suyuyla birlikte doğranmış

1 orta boy karnabahar, ayıklanmış ve çiçeklerine ayrılmış

Tuz ve taze çekilmiş karabiber

3 yemek kaşığı sade kuru ekmek kırıntısı

2 hamsi, doğranmış (isteğe bağlı)

1 pound taze orecchiette

1. Tüm malzemeleri alacak kadar büyük bir tavada, sarımsağı 1/3 fincan zeytinyağında orta ateşte altın rengi olana kadar pişirin.

Tatmak için domatesleri ve tuzu ve karabiberi ekleyin. Bir kaynamaya getirin ve 10 dakika pişirin.

2.Karnabaharı karıştırın. Örtün ve ara sıra karıştırarak karnabahar çok yumuşayana kadar yaklaşık 25 dakika pişirin. Karnabaharın bir kısmını kaşığın arkasıyla ezin.

3.Küçük bir tavada kalan 2 yemek kaşığı yağı orta ateşte ısıtın. Kullanıyorsanız galeta unu ve hamsi ekleyin. Kırıntılar kızarana ve yağ emilene kadar karıştırarak pişirin.

4.En az 4 litre suyu kaynatın. Tatmak için makarna ve tuz ekleyin. Sık sık karıştırarak, makarna al dente, yumuşak ama yine de sert olana kadar pişirin. Haşlama suyundan biraz ayırarak makarnayı süzün.

5.Makarnayı domates ve karnabahar sosuyla karıştırın. Gerekirse pişirme suyundan biraz ekleyin. Ekmek kırıntılarını serpin ve hemen servis yapın.

Sosis ve Lahana ile Orecchiette

Orecchiette con Salsiccia ve Cavolo

6 porsiyon yapar

Arkadaşım Domenica Marzovilla, Toskana gezisinden döndüğünde, bir arkadaşının evinde yediği bu makarnayı bana anlattı. Kulağa çok basit ve güzel geliyordu, eve gittim ve yaptım.

2 yemek kaşığı zeytinyağı

8 ons tatlı domuz sosisi

8 ons sıcak domuz sosisi

2 su bardağı konserve ithal İtalyan domatesi, süzülmüş ve doğranmış

Tuz

1 pound Savoy lahana (yaklaşık 1/2 orta boy baş)

1 pound taze orecchiette veya cavatelli

1. Orta boy bir tencerede, yağı orta ateşte ısıtın. Sosisleri ekleyin ve her tarafı kızarana kadar yaklaşık 10 dakika pişirin.

2. Domatesleri ve bir tutam tuzu ekleyin. Bir kaynamaya getirin ve sos kalınlaşana kadar yaklaşık 30 dakika pişirin.

3. Çekirdeği lahanadan kesin. Lahanayı ince şeritler halinde kesin.

4. Kaynatmak için büyük bir tencereye su getirin. Lahanayı ekleyin ve su kaynayana kadar 1 dakika kadar pişirin. Oluklu bir kaşıkla lahanayı çıkarın. İyice süzün. Pişirme suyunu ayırın.

5. Sosu tavada bırakarak sosisleri bir kesme tahtasına alın. Lahanayı sosa ekleyin; 15 dakika pişirin. Sosisleri ince dilimleyin.

6. Suyu tekrar kaynatın ve makarnayı tadına bakmak için tuzla pişirin. İyice süzün ve sosis ve sos ile atın. Sıcak servis yapın.

Kılıç Balığı ile Orecchiette

Pesce Spada ile Orecchiette

4 ila 6 porsiyon yapar

Tercihe göre kılıç balığı yerine ton balığı veya köpekbalığı kullanılabilir. Patlıcanın tuzlanması, acı sularının bir kısmını giderir ve dokuyu iyileştirir, ancak birçok aşçı bu adımın gereksiz olduğunu düşünür. Her zaman tuzlarım ama seçim size kalmış. Patlıcan, makarnadan birkaç saat önce pişirilebilir. Servis yapmadan önce 350 ° F fırında bir fırın tepsisinde 10 dakika kadar tekrar ısıtmanız yeterlidir. Bu Sicilya makarnası, sos balık içermesine rağmen, zenginliği artıran peynirle tamamlandığı için İtalyan mutfağında alışılmadık bir durumdur.

1 büyük veya 2 küçük patlıcan (yaklaşık 1 1/2 pound)

Kaba tuz

Kızartma için mısır veya diğer bitkisel yağlar

3 yemek kaşığı zeytinyağı

1 büyük diş sarımsak, çok ince kıyılmış

2 yeşil soğan, ince kıyılmış

8 ons kılıç balığı veya diğer etli balık bifteği (yaklaşık 1/2 inç kalınlığında), derisi alınmış ve 1/2 inçlik parçalar halinde kesilmiş

Tatmak için taze çekilmiş karabiber

2 yemek kaşığı beyaz şarap sirkesi

2 su bardağı soyulmuş, çekirdekleri çıkarılmış ve doğranmış taze domates veya doğranmış konserve ithal İtalyan domatesleri, suyuyla birlikte

1 çay kaşığı doğranmış taze kekik yaprağı veya bir tutam kuru kekik

1 pound taze orecchiette veya cavatelli

1/3 su bardağı taze rendelenmiş Pecorino Romano

1. Patlıcanı 1 inçlik zarlara kesin. Parçaları bir tabağa yerleştirilmiş bir kevgir içine koyun ve bolca tuz serpin. 30 dakika ila 1 saat arası bekletin. Patlıcan parçalarını hızlıca durulayın. Parçaları kağıt havluların üzerine koyun ve kuruyana kadar sıkın.

2. Orta ateşte büyük bir derin tavada, yaklaşık 1/2 inç yağı ısıtın. Yağı test etmek için içine dikkatlice küçük bir parça patlıcan koyun. Çabuk cızırdar ve pişerse, tek kat olacak kadar patlıcan ekleyin. Tavayı kalabalıklaştırmayın. Ara sıra karıştırarak patlıcan gevrekleşene ve kızarana kadar yaklaşık 5 dakika pişirin. Oluklu bir kaşıkla parçaları çıkarın. Kağıt havluların

üzerinde iyice süzün. Kalan patlıcan ile tekrarlayın. Kenara koyun.

3. Orta ateşte orta boy bir tavada zeytinyağını sarımsak ve yeşil soğanla 30 saniye pişirin. Balıkları ekleyin ve tuz ve karabiber serpin. Balık artık pembeleşene kadar ara sıra karıştırarak yaklaşık 5 dakika pişirin. Sirkeyi ekleyin ve 1 dakika pişirin. Domates ve kekik ekleyin. Bir kaynamaya getirin ve 15 dakika veya hafifçe kalınlaşana kadar pişirin.

4. Bu arada, büyük bir tencereye soğuk su kaynatın. Tat ve makarnaya tuz ekleyin. Ara sıra karıştırarak, al dente, yumuşak ama sert olana kadar pişirin. İyice süzün.

5. Büyük, ısıtılmış servis kasesinde makarna, sos ve patlıcanı birleştirin. İyi at. Peyniri karıştırın. Sıcak servis yapın.

Pirinç, Mısır unu ve Diğer Tahıllar

İtalya'da yetiştirilen ve kullanılan birçok tahıl türü arasında en yaygın olanları pirinç ve mısır unudur. Farro, kuskus ve arpa, buğday meyveleri gibi bölgesel favorilerdir.

Pirinç ilk olarak Orta Doğu'dan İtalya'ya getirildi. Özellikle kuzey İtalya'da, özellikle Piedmont ve Emilia-Romagna bölgelerinde iyi yetişir.

İtalyan aşçılar, tercih ettikleri orta taneli pirincin türü konusunda çok spesifiktir, ancak çeşitler arasındaki farklar ince olabilir. Birçok aşçı, deniz ürünleri risotto için bir çeşit ve sebze ile yapılan bir risotto için bir çeşit belirleyecektir. Genellikle tercihler bölgeseldir veya sadece gelenekseldir, ancak her çeşidin kendine özgü özellikleri vardır. Carnaroli pirinci şeklini iyi tutar ve biraz daha kremsi bir risotto yapar. Vialone Nano daha hızlı pişer ve daha hafif bir tada sahiptir. Arborio en iyi bilinenidir ve yaygın olarak bulunur, ancak tadı daha az inceliklidir. Güçlü tatlandırıcı maddelerle yapılan risotto için en iyisidir. Bu kitaptaki risotto tarifleri için bu üç çeşitten herhangi biri kullanılabilir.

Mısır, İtalya'da nispeten yeni bir tahıldır. Avrupa'nın Yeni Dünya'yı keşfetmesinden sonra mısır İspanya'ya ulaştı ve oradan tüm kıtaya yayıldı. Mısırın yetiştirilmesi kolay ve ucuzdur, bu nedenle hızla geniş çapta ekilmeye başlandı. Çoğu hayvan yemi için yetiştirilir, ancak hem beyaz hem de sarı olan mısır unu tipik olarak polenta için kullanılır. Satıcıların bazen sokak yemeği olarak ızgara mısır sattığı Napoli dışında, İtalya'da yenen koçanda mısır bulmak nadirdir. Romalılar bazen bir konserveden atılmış salatalara mısır parçaları eklerler, ancak bu egzotik bir tuhaflıktır.

Farro ve benzeri buğday benzeri tahıllar, yetiştirildikleri orta ve güney İtalya'da en yaygın olanlarıdır. Eski bir buğday çeşidi olan farro, İtalyanlar tarafından sağlıklı bir gıda olarak kabul edilir. Çorbalarda, salatalarda ve diğer müstahzarlarda mükemmeldir.

Arpa, kuzeyin daha soğuk bölgelerinde iyi yetişen eski bir tahıldır. Romalılar ordularını arpa ve diğer tahıllarla beslediler. Muhtemelen polentanın öncüsü olan puls olarak bilinen bir yulaf lapası veya çorba haline getirildi. Bugün arpayı en çok İtalya'nın kuzeydoğusunda, Avusturya yakınlarında risotto gibi pişirilmiş veya çorbaya katılmış olarak bulabilirsiniz.

Küçük peletler halinde yuvarlanan sert buğday unundan yapılan kuskus, batı Sicilya'da tipiktir ve yüzyıllar önce bölgedeki Arap egemenliğinin bir kalıntısıdır. Genellikle çorba gibi deniz ürünleri veya et yahnisi ile pişirilir.

PİRİNÇ

Pirinç, kuzey İtalya'da Piedmont ve Emilia-Romagna bölgelerinde yetiştirilir ve genellikle ilk yemek olarak makarna veya çorba yerine yenen bir temel gıda maddesidir. Pirinç pişirmenin klasik yöntemi, benim cennetteki pilav fikrim olan risotto gibidir!

Daha önce hiç yapmadıysanız, risotto tekniği alışılmadık görünebilir. Başka hiçbir kültür, pirinci İtalyanların yaptığı gibi hazırlamaz, ancak teknik, pirincin sotelenip pişirildiği ve pişirme sıvısının emildiği pilav yapmaya benzer. Buradaki fikir, pirinci nişastasını salacak ve kremsi bir sos oluşturacak şekilde pişirmektir. Bitmiş pirinç yumuşak olmalı, ancak yine de ısırmaya kadar sağlam olmalıdır - al dente. Tahıllar, diğer bileşenlerin tatlarını emmiş olacak ve kremsi bir sıvı ile çevrelenecektir. En iyi sonuçlar için, risotto pişirildikten hemen sonra yenmelidir, aksi takdirde kuru ve lapa haline gelebilir.

Risotto evde pişirildiğinde en iyisidir. Çok az restoran, gerçekten çok uzun olmasa da, risotto pişirmeye gerektiği kadar zaman ayırabilir. Aslında, birçok restoran mutfağı pirinci kısmen önceden pişirir, sonra soğutur. Birisi risotto sipariş ettiğinde, pirinç yeniden ısıtılır ve pişirmeyi bitirmek için gereken tatlandırıcı maddelerle birlikte sıvı eklenir.

Prosedürü anladığınızda, risotto yapmak oldukça basittir ve birçok farklı malzeme kombinasyonuna uyarlanabilir. Risotto yapmanın ilk adımı, doğru türde pirinci elde etmektir. Amerika Birleşik Devletleri'nde yaygın olarak bulduğumuz gibi uzun taneli pirinç, doğru türde nişastaya sahip olmadığı için risotto yapmak için uygun değildir. Genellikle Arborio, Carnaroli veya Vialone Nano çeşitleri olarak satılan orta taneli pirinç, pişirilip et suyu veya başka bir sıvı ile karıştırıldığında tanelerden salınan bir tür nişastaya sahiptir. Nişasta sıvı ile bağlanır ve kremsi hale gelir.

İtalya'dan ithal edilen orta taneli pirinç, süpermarketlerde yaygın olarak bulunur. Amerika Birleşik Devletleri'nde de yetiştirilmektedir ve artık bulunması kolaydır.

İyi bir tavuk, et, balık veya sebze suyuna da ihtiyacınız olacak. Ev yapımı tercih edilir, ancak konserve (veya kutulu) et suyu kullanılabilir. Mağazadan satın alınan et suyunu doğrudan kaptan kullanmak için çok güçlü buluyorum ve genellikle suyla seyreltiyorum. Düşük sodyumlu bir çeşit kullanmıyorsanız, paketlenmiş et suyunun çok fazla tuz içerdiğini unutmayın, bu nedenle eklenen tuzu buna göre ayarlayın. Bulyon küpleri çok tuzlu ve yapay tadı var, bu yüzden onları kullanmıyorum.

Beyaz Risotto

Bianco'da Risotto

4 porsiyon yapar

Bu sade beyaz risotto, vanilyalı dondurma kadar basit ve doyurucu. Olduğu gibi ilk yemek olarak veya kızarmış etlerin yanında garnitür olarak servis edin. Taze bir yer mantarınız varsa, lüks bir dokunuş için bitmiş risotto üzerinde tıraş etmeyi deneyin. Bu durumda peyniri ortadan kaldırmalısınız.

4 bardak Et suyu veya Tavuk suyu

4 yemek kaşığı tuzsuz tereyağı

1 yemek kaşığı zeytinyağı

¼ su bardağı kıyılmış arpacık veya soğan

Arborio, Carnaroli veya Vialone Nano gibi 1½ bardak orta taneli pirinç

½ bardak sek beyaz şarap veya köpüklü şarap

Tuz ve taze çekilmiş karabiber

½ su bardağı taze rendelenmiş Parmigiano-Reggiano

1. Gerekirse suyu hazırlayın. Et suyunu orta ateşte kaynamaya getirin, ardından ısıyı düşürün, böylece suyu sadece sıcak tutacaktır. Geniş bir ağır tencerede, orta ateşte yağ ile 3 yemek kaşığı tereyağını eritin. Arpacık soğanlarını ekleyin ve yumuşayana kadar ancak kızarmadan yaklaşık 5 dakika pişirin.

2. Pirinci ekleyin ve bir tahta kaşıkla yaklaşık 2 dakika kadar sıcak olana kadar karıştırın. Şarabı ekleyin ve sıvının çoğu buharlaşana kadar karıştırarak pişirin.

3. 1/2 su bardağı et suyunu pirincin üzerine dökün. Sıvının çoğu emilene kadar karıştırarak pişirin. Her eklemeden sonra karıştırarak, bir seferde yaklaşık 1/2 bardak et suyu eklemeye devam edin. Isıyı, sıvının hızla kaynaması ancak pirincin tavaya yapışmaması için ayarlayın. Pişirme süresinin yaklaşık yarısında tadına bakmak için tuz ve karabiber ekleyin.

4. Pirinç yumuşayana kadar ancak ısırmak için sertleşene ve risotto kremsi olana kadar sadece gerektiği kadar et suyu kullanın. Yapılabileceğini düşündüğünüzde, birkaç tahılın tadına bakın. Hazır değilse, bir dakika kadar sonra yeniden test edin. Et suyu pirinç yumuşamadan biterse sıcak su kullanın. Pişirme süresi 18 ila 20 dakika olacaktır.

5. Risotto tavasını ocaktan alın. Kalan çorba kaşığı tereyağı ve peyniri eriyene ve kremsi olana kadar karıştırın. Hemen servis yapın.

Safranlı Risotto, Milano Usulü

Risotto Milanese

4 ila 6 porsiyon yapar

Safranla tatlandırılmış altın risotto, Osso Buco'nun Milano'daki klasik refakatidir (bkz. <u>Dana incik, Milano Usulü</u>). Risottoya iri sığır kemiklerinden çıkarılan iliği eklemek zengin, etli bir tat verir ve gelenekseldir, ancak risotto onsuz da yapılabilir.

6 bardak <u>Tavuk suyu</u> veya <u>Et suyu</u>

½ çay kaşığı ufalanmış safran ipleri

4 yemek kaşığı tuzsuz tereyağı

2 yemek kaşığı dana iliği (isteğe bağlı)

2 yemek kaşığı zeytinyağı

1 küçük soğan, çok ince doğranmış

Arborio, Carnaroli veya Vialone Nano gibi 2 su bardağı (yaklaşık 1 pound) orta taneli pirinç

Tuz ve taze çekilmiş karabiber

½ su bardağı taze rendelenmiş Parmigiano-Reggiano

1. Gerekirse suyu hazırlayın. Et suyunu orta ateşte kaynamaya getirin, ardından ısıyı düşürün, böylece suyu sadece sıcak tutacaktır. 1/2 su bardağı suyu çıkarın ve küçük bir kaseye koyun. Safranı ekleyin ve ıslanmasına izin verin.

2. Geniş ve ağır bir tencerede, 2 yemek kaşığı tereyağını, kullanılıyorsa kemik iliğini ve yağı orta ateşte ısıtın. Tereyağı eriyince soğanı ekleyin ve sık sık karıştırarak altın rengi olana kadar yaklaşık 10 dakika pişirin.

3. Pirinci ekleyin ve tahta bir kaşıkla karıştırarak yaklaşık 2 dakika kadar pişirin. 1/2 bardak sıcak et suyunu ekleyin ve sıvı emilene kadar karıştırın. Her eklemeden sonra karıştırarak suyu 1/2 bardak eklemeye devam edin. Isıyı, sıvının hızla kaynaması ancak pirincin tavaya yapışmaması için ayarlayın. Pişirme süresinin yaklaşık yarısında safran karışımını ve tadına bakmak için tuz ve karabiberi ilave edin.

4. Pirinç yumuşayana ve ısırmaya karşı sertleşene kadar sadece gerektiği kadar et suyu kullanın. Yapılabileceğini düşündüğünüzde, birkaç tahılın tadına bakın. Hazır değilse, bir dakika kadar sonra yeniden test edin. Et suyu pirinç yumuşamadan biterse sıcak su kullanın. Pişirme süresi 18 ila 20 dakika olacaktır.

5.Risotto tavasını ocaktan alın ve kalan 2 yemek kaşığı tereyağını ve peyniri eriyene ve kremsi olana kadar karıştırın. Hemen servis yapın.

kuşkonmazlı risotto

Asparagili risotto

6 porsiyon yapar

Veneto bölgesi, lavanta uçlu güzel beyaz kuşkonmazıyla ünlüdür. Hassas rengi elde etmek için kuşkonmazlar büyürken güneş ışığına maruz kalmamaları ve klorofil oluşturmamaları için üzeri örtülür. Beyaz kuşkonmazın narin bir tadı vardır ve yeşil kuşkonmazdan daha yumuşaktır. Beyaz kuşkonmaz bu risotto için idealdir ancak sıradan yeşil çeşitle de yapabilirsiniz ve lezzeti yine de çok iyi olacaktır.

5 bardak Tavuk suyu

1 pound taze kuşkonmaz, kesilmiş

4 yemek kaşığı tuzsuz tereyağı

1 küçük soğan, ince kıyılmış

Arborio, Carnaroli veya Vialone Nano gibi 2 su bardağı orta taneli pirinç

½ su bardağı sek beyaz şarap

Tuz ve taze çekilmiş karabiber

¾ su bardağı taze rendelenmiş Parmigiano-Reggiano

1. Gerekirse suyu hazırlayın. Et suyunu orta ateşte kaynamaya bırakın, ardından suyu sıcak tutacak şekilde ısıyı düşürün. Kuşkonmaz uçlarını kesin ve bir kenara koyun. Sapları 1/2 inçlik dilimler halinde kesin.

2. Geniş, ağır bir tencerede 3 yemek kaşığı tereyağını eritin. Soğanı ekleyin ve ara sıra karıştırarak orta ateşte çok yumuşak ve altın rengi olana kadar yaklaşık 10 dakika pişirin.

3. Kuşkonmaz saplarını karıştırın. Ara sıra karıştırarak 5 dakika pişirin.

4. Pirinci ekleyin ve tahta bir kaşıkla karıştırarak yaklaşık 2 dakika kadar pişirin. Şarabı ekleyin ve sıvı buharlaşana kadar sürekli karıştırarak pişirin. 1/2 su bardağı et suyunu pirincin üzerine dökün. Sıvının çoğu emilene kadar karıştırarak pişirin.

5. Her eklemeden sonra karıştırarak, bir seferde yaklaşık 1/2 bardak et suyu eklemeye devam edin. Isıyı, sıvının hızla kaynaması ancak pirincin tavaya yapışmaması için ayarlayın. Yaklaşık 10 dakika sonra kuşkonmaz uçlarını karıştırın. Tuz ve karabiber serpin. Pirinç yumuşayana kadar ancak ısırmak için sertleşene ve risotto kremsi olana kadar sadece gerektiği kadar et suyu kullanın. Yapılabileceğini düşündüğünüzde, birkaç

tahılın tadına bakın. Hazır değilse, bir dakika kadar sonra yeniden test edin. Et suyu pirinç yumuşamadan biterse sıcak su kullanın. Pişirme süresi 18 ila 20 dakika olacaktır.

6. Risotto tavasını ocaktan alın. Peyniri ve kalan yemek kaşığı tereyağını karıştırın. Baharat için tat. Hemen servis yapın.

Kırmızı Biberli Risotto

Risotto con Peperoni Rossi

6 porsiyon yapar

Sezonun zirvesinde, manavlarda parlak kırmızı dolmalık biberler üst üste yığıldığında, onları birçok şekilde kullanmak için ilham alıyorum. Tatlı, yumuşak lezzetleri ve muhteşem renkleri, omletlerden makarnalara, çorbalara, salatalara ve güveçlere kadar her şeyi daha lezzetli hale getirir. Bu geleneksel bir tarif değil, ama bir gün kırmızı biber kullanmanın yeni bir yolunu ararken bulduğum bir tarif. Sarı veya turuncu biber de bu tarifte iyi olur.

5 bardak Tavuk suyu

3 yemek kaşığı tuzsuz tereyağı

1 yemek kaşığı zeytinyağı

1 küçük soğan, ince kıyılmış

2 adet kırmızı dolmalık biber, çekirdekleri çıkarılmış ve ince doğranmış

Arborio, Carnaroli veya Vialone Nano gibi 2 su bardağı orta taneli pirinç

Tuz ve taze çekilmiş karabiber

½ su bardağı taze rendelenmiş Parmigiano-Reggiano

1. Gerekirse suyu hazırlayın. Et suyunu orta ateşte kaynamaya bırakın, ardından suyu sıcak tutacak şekilde ısıyı düşürün. Geniş ve ağır bir tencerede, 2 yemek kaşığı tereyağını ve sıvı yağı orta ateşte ısıtın. Tereyağı eriyince soğanı ekleyin ve sık sık karıştırarak altın rengi olana kadar yaklaşık 10 dakika pişirin. Biberleri ekleyin ve 10 dakika daha pişirin.

2. Pirinci ekleyin ve bir tahta kaşıkla yaklaşık 2 dakika kadar sıcak olana kadar karıştırın. 1/2 bardak sıcak et suyunu ekleyin ve sıvı emilene kadar karıştırın. Her eklemeden sonra karıştırarak suyu her seferinde 1/2 bardak eklemeye devam edin. Isıyı, sıvının hızla kaynaması ancak pirincin tavaya yapışmaması için ayarlayın. Pişirmenin yaklaşık yarısında, tadına bakmak için tuz ve karabiber ekleyin.

3. Pirinç yumuşayana kadar ancak ısırmak için sertleşene ve risotto kremsi olana kadar sadece gerektiği kadar et suyu kullanın. Yapılabileceğini düşündüğünüzde, birkaç tahılın tadına bakın. Hazır değilse, bir dakika kadar sonra yeniden test edin. Pirinç pişmeden önce sıvı biterse, pişirmeyi sıcak suyla bitirin. Pişirme süresi 18 ila 20 dakika olacaktır.

4.Risotto tavasını ocaktan alın. Kalan çorba kaşığı tereyağını ve peyniri eriyene ve kremsi olana kadar karıştırın. Baharat için tat. Hemen servis yapın.

Domates ve Roka Risotto

Risotto con Pomodori ve Rucola

6 porsiyon yapar

Taze domates, fesleğen ve roka bu risottoyu yazın esansı yapıyor. Yapımcı Matilde Cuomo'dan Campania's Furore gibi soğuk bir beyaz şarapla servis etmeyi seviyorum.

5 bardak Tavuk suyu

1 büyük demet roka, ayıklanmış ve durulanmış

3 yemek kaşığı zeytinyağı

1 küçük soğan, ince kıyılmış

2 pound olgun erik domates, soyulmuş, tohumlanmış ve doğranmış

Arborio, Carnaroli veya Vialone Nano gibi 2 su bardağı orta taneli pirinç

Tuz ve taze çekilmiş karabiber

½ su bardağı taze rendelenmiş Parmigiano-Reggiano

2 yemek kaşığı kıyılmış taze fesleğen

1 yemek kaşığı sızma zeytinyağı

1. Gerekirse suyu hazırlayın. Et suyunu orta ateşte kaynamaya bırakın, ardından suyu sıcak tutacak şekilde ısıyı düşürün. Roka yapraklarını lokma büyüklüğünde doğrayın. Yaklaşık 2 bardak almalısınız.

2. Yağı geniş bir ağır tencereye dökün. Soğanı ekleyin ve orta ateşte ara sıra bir tahta kaşıkla karıştırarak, soğan çok yumuşak ve altın rengi olana kadar yaklaşık 10 dakika pişirin.

3. Domatesleri karıştırın. Ara sıra karıştırarak, suyunun çoğu buharlaşana kadar yaklaşık 10 dakika pişirin.

4. Pirinci ekleyin ve tahta bir kaşıkla karıştırarak yaklaşık 2 dakika kadar pişirin. 1/2 su bardağı et suyunu pirincin üzerine dökün. Pişirin ve sıvının çoğu emilene kadar karıştırın.

5. Her eklemeden sonra karıştırarak, bir seferde yaklaşık 1/2 bardak et suyu eklemeye devam edin. Isıyı, sıvının hızla kaynaması ancak pirincin tavaya yapışmaması için ayarlayın. Pişirmenin yarısında tuz ve karabiber serpin. Pirinç yumuşayana kadar ancak ısırmak için sertleşene ve risotto kremsi olana kadar sadece gerektiği kadar et suyu kullanın. Yapılabileceğini düşündüğünüzde, birkaç tahılın tadına bakın. Hazır değilse, bir dakika kadar sonra yeniden test edin. Et suyu pirinç

yumuşamadan biterse sıcak su kullanın. Pişirme süresi 18 ila 20 dakika olacaktır.

6. Risotto tavasını ocaktan alın. Peynir, fesleğen ve bir çorba kaşığı sızma zeytinyağını karıştırın. Baharat için tat. Rokayı karıştırın ve hemen servis yapın.

Kırmızı Şarap ve Radicchio ile Risotto

Risotto al Radicchio

6 porsiyon yapar

Hindiba ailesinin bir üyesi olan Radicchio, Veneto'da yetişir. Akraba olduğu hindiba gibi, radicchio'nun biraz acı ama tatlı bir tadı vardır. Biz bunu daha çok bir salata kasesine renkli bir katkı olarak düşünsek de, İtalyanlar genellikle turp pişirirler. Dilimler halinde kesilip ızgara yapılabilir veya yaprakları bir dolguya sarılarak meze olarak pişirilebilir. Canlı şarap kırmızısı rengi, pişirildiğinde koyu maun kahverengiye döner. Bu risottoyu Verona'da geleneksel tarifler sunan bir restoran olan Il Cenacolo'da yedim.

5 bardak Tavuk suyu veya Et suyu

1 orta boy turp (yaklaşık 12 ons)

2 yemek kaşığı zeytinyağı

2 yemek kaşığı tuzsuz tereyağı

1 küçük soğan, ince kıyılmış

½ su bardağı sek kırmızı şarap

Arborio, Carnaroli veya Vialone Nano gibi 2 su bardağı orta taneli pirinç

Tuz ve taze çekilmiş karabiber

½ su bardağı taze rendelenmiş Parmigiano-Reggiano

1. Gerekirse suyu hazırlayın. Et suyunu orta ateşte kaynamaya bırakın, ardından suyu sıcak tutacak şekilde ısıyı düşürün. Radicchio'yu kesin ve 1/2 inç kalınlığında dilimler halinde kesin. Dilimleri 1 inç uzunluğunda kesin.

2. Geniş ve ağır bir tencerede, yağı 1 yemek kaşığı tereyağı ile orta ateşte ısıtın. Tereyağı eriyince soğanı ekleyin ve ara sıra karıştırarak soğan iyice yumuşayana kadar yaklaşık 10 dakika pişirin.

3. Isıyı ortama yükseltin, turpu ilave edin ve solana kadar yaklaşık 10 dakika pişirin.

4. Pirinci karıştırın. Şarabı ekleyin ve sıvının çoğu emilene kadar karıştırarak pişirin. 1/2 su bardağı et suyunu pirincin üzerine dökün. Pişirin ve sıvının çoğu emilene kadar karıştırın.

5. Her eklemeden sonra karıştırarak, bir seferde yaklaşık 1/2 bardak et suyu eklemeye devam edin. Isıyı, sıvının hızla kaynaması ancak pirincin tavaya yapışmaması için ayarlayın. Pişirmenin yarısında tuz ve karabiber serpin. Pirinç yumuşayana kadar ancak ısırmak için sertleşene ve risotto kremsi olana

kadar sadece gerektiği kadar et suyu kullanın. Yapılabileceğini düşündüğünüzde, birkaç tahılın tadına bakın. Hazır değilse, bir dakika kadar sonra yeniden test edin. Et suyu pirinç yumuşamadan biterse sıcak su kullanın. Pişirme süresi 18 ila 20 dakika olacaktır.

6.Tencereyi ocaktan alın ve kalan çorba kaşığı tereyağı ve peyniri ekleyip karıştırın. Baharat için tat. Hemen servis yapın.

Kremalı Karnabaharlı Risotto

Risotto al Cavolfiore

6 porsiyon yapar

Parma'da meze ya da ana yemek yemeyebilirsiniz ama risotto ya da makarna yeme fırsatını asla kaçırmak istemezsiniz; her zaman inanılmaz derecede iyiler. Bu, birkaç yıl önce mükemmel bir trattoria olan La Filoma'da yediğim bir risotto versiyonum.

Bu risottoyu ilk yaptığımda elimde bir tüp beyaz trüf ezmesi vardı ve pişirme süresinin sonunda biraz karıştırdım. Lezzet sansasyoneldi. Trüf ezmesi bulabilirseniz deneyin.

4 bardak Tavuk suyu

4 su bardağı karnabahar, 1/2 inçlik çiçeklere doğranmış

1 diş sarımsak, ince kıyılmış

1 1/2 su bardağı süt

Tuz

4 yemek kaşığı tuzsuz tereyağı

1/4 su bardağı ince kıyılmış soğan

Arborio, Carnaroli veya Vialone Nano gibi 2 su bardağı orta taneli pirinç

Taze çekilmiş karabiber

¾ su bardağı taze rendelenmiş Parmigiano-Reggiano

1. Gerekirse suyu hazırlayın. Et suyunu orta ateşte kaynamaya bırakın, ardından suyu sıcak tutacak şekilde ısıyı düşürün. Orta boy bir tencerede karnabahar, sarımsak, süt ve bir tutam tuzu birleştirin. Bir kaynamaya getirin. Sıvının çoğu buharlaşana ve karnabahar yumuşayana kadar yaklaşık 10 dakika pişirin. Isıyı çok düşük tutun ve karışımın yanmaması için ara sıra karıştırın.

2. Geniş ve ağır bir tencerede, yağı 2 yemek kaşığı tereyağı ile orta ateşte ısıtın. Tereyağı eridiğinde soğanı ekleyin ve ara sıra karıştırarak soğan çok yumuşak ve altın rengi olana kadar yaklaşık 10 dakika pişirin.

3. Pirinci ekleyin ve tahta bir kaşıkla karıştırarak yaklaşık 2 dakika kadar pişirin. Et suyunun yaklaşık 1/2 fincanını dökün. Pişirin ve sıvının çoğu emilene kadar karıştırın.

4. Her seferinde 1/2 bardak suyu emilene kadar sürekli karıştırarak eklemeye devam edin. Isıyı, sıvının hızla kaynaması ancak pirincin tavaya yapışmaması için ayarlayın. Pişirmenin yaklaşık yarısında, tuz ve karabiber ekleyin.

5. Pirinç neredeyse bittiğinde, karnabahar karışımını karıştırın. Pirinç yumuşayana kadar ancak ısırmak için sertleşene ve risotto kremsi olana kadar sadece gerektiği kadar et suyu kullanın. Yapılabileceğini düşündüğünüzde, birkaç tahılın tadına bakın. Hazır değilse, bir dakika kadar sonra yeniden test edin. Et suyu pirinç yumuşamadan biterse sıcak su kullanın. Pişirme süresi 18 ila 20 dakika olacaktır.

6. Tencereyi ocaktan alın ve baharat tadına bakın. Kalan 2 yemek kaşığı tereyağı ve peyniri karıştırın. Hemen servis yapın.

Limonlu Risotto

Risotto al Limone

6 porsiyon yapar

Capri'de yediğim bu risottoya taze limon kabuğu rendesi ve suyunun canlı aroması renk katıyor. İtalyanlar pek sık yapmasa da, ben onu sote deniz tarağı veya ızgara balıkla garnitür olarak servis etmeyi seviyorum.

5 bardak Tavuk suyu

4 yemek kaşığı tuzsuz tereyağı

1 küçük soğan, ince kıyılmış

Arborio, Carnaroli veya Vialone Nano gibi 2 su bardağı orta taneli pirinç

Tuz ve taze çekilmiş karabiber

1 yemek kaşığı taze limon suyu

1 çay kaşığı rendelenmiş limon kabuğu

½ su bardağı taze rendelenmiş Parmigiano-Reggiano

1. Gerekirse suyu hazırlayın. Et suyunu orta ateşte kaynamaya bırakın, ardından suyu sıcak tutacak şekilde ısıyı düşürün. Geniş

bir ağır tencerede, 2 yemek kaşığı tereyağını orta ateşte eritin. Soğanı ekleyin ve sık sık karıştırarak altın rengi olana kadar yaklaşık 10 dakika pişirin.

2. Pirinci ekleyin ve bir tahta kaşıkla yaklaşık 2 dakika kadar sıcak olana kadar karıştırın. 1/2 bardak sıcak et suyunu ekleyin ve sıvı emilene kadar karıştırın.

3. Her eklemeden sonra karıştırarak suyu 1/2 bardak eklemeye devam edin. Isıyı, sıvının hızla kaynaması ancak pirincin tavaya yapışmaması için ayarlayın. Pişirme süresinin yaklaşık yarısında tuz ve karabiber ekleyin.

4. Pirinç yumuşayana kadar ancak ısırmak için sertleşene ve risotto kremsi olana kadar sadece gerektiği kadar et suyu kullanın. Yapılabileceğini düşündüğünüzde, birkaç tahılın tadına bakın. Hazır değilse, bir dakika kadar sonra yeniden test edin. Et suyu pirinç yumuşamadan biterse sıcak su kullanın. Pişirme süresi 18 ila 20 dakika olacaktır.

5. Risotto tavasını ocaktan alın. Limon suyunu ve kabuğunu, kalan 2 yemek kaşığı tereyağını ve peyniri ekleyin. Tereyağı ve peynir eriyip krema kıvamına gelene kadar karıştırın. Baharat için tat. Hemen servis yapın.

ıspanaklı risotto

Risotto agli Spinaci

6 porsiyon yapar

Biraz taze fesleğeniniz varsa, maydanoz yerine onu ekleyin. Ispanak yerine pazı veya hindiba otu gibi başka yeşillikler de kullanılabilir.

5 bardak <u>Tavuk suyu</u>

1 pound taze ıspanak, yıkanmış ve sapları çıkarılmış

¼ su bardağı su

Tuz

4 yemek kaşığı tuzsuz tereyağı

1 orta boy soğan, ince kıyılmış

Arborio, Carnaroli veya Vialone Nano gibi 2 su bardağı (yaklaşık 1 pound) orta taneli pirinç

Taze çekilmiş karabiber

¼ su bardağı kıyılmış taze düz yapraklı maydanoz

½ su bardağı taze rendelenmiş Parmigiano-Reggiano

1. Gerekirse suyu hazırlayın. Et suyunu orta ateşte kaynamaya bırakın, ardından suyu sıcak tutacak şekilde ısıyı düşürün. Büyük bir tencerede ıspanağı, suyu ve tuzu tatmak için birleştirin. Örtün ve kaynamaya getirin. Ispanak soluncaya kadar yaklaşık 3 dakika pişirin. Ispanakları süzün ve suyunu sıkmak için hafifçe sıkın. Ispanağı ince ince doğrayın.

2. Geniş bir ağır tencerede, 3 yemek kaşığı tereyağını orta ateşte ısıtın. Tereyağı eriyince soğanı ekleyin ve sık sık karıştırarak altın rengi olana kadar yaklaşık 10 dakika pişirin.

3. Pirinci soğana ekleyin ve tahta bir kaşıkla karıştırarak yaklaşık 2 dakika sıcak olana kadar pişirin. 1/2 bardak sıcak et suyunu ekleyin ve sıvı emilene kadar karıştırın. Her eklemeden sonra karıştırarak suyu 1/2 bardak eklemeye devam edin. Isıyı, sıvının hızla kaynaması ancak pirincin tavaya yapışmaması için ayarlayın. Pişirmenin yarısında, ıspanağı ve tadına bakmak için tuz ve karabiberi karıştırın.

4. Pirinç yumuşayana kadar ancak ısırmak için sertleşene ve risotto kremsi olana kadar sadece gerektiği kadar et suyu kullanın. Yapılabileceğini düşündüğünüzde, birkaç tahılın tadına bakın. Hazır değilse, bir dakika kadar sonra yeniden test edin. Et suyu pirinç yumuşamadan biterse sıcak su kullanın. Pişirme süresi 18 ila 20 dakika olacaktır.

5. Risotto tavasını ocaktan alın. Kalan tereyağı ve peyniri karıştırın. Hemen servis yapın.

Altın Kabak Risotto

Risotto con Zucca d'Oro

4 ila 6 porsiyon yapar

İtalyan manavlarında, aşçılar risotto yapmak için büyük kış kabağı dilimleri satın alabilirler. Balkabagi, İtalyan çeşitlerinin tatlı tadına ve tereyağlı dokusuna en yakın olanıdır. Bu risotto, Lombardiya'daki Mantua'nın bir özelliğidir.

5 bardak Tavuk suyu

4 yemek kaşığı tuzsuz tereyağı

¼ su bardağı ince kıyılmış arpacık veya soğan

2 su bardağı soyulmuş ve doğranmış Balkabagi (yaklaşık 1 pound)

Arborio, Carnaroli veya Vialone Nano gibi 2 su bardağı orta taneli pirinç

½ su bardağı sek beyaz şarap

Tuz ve taze çekilmiş karabiber

½ su bardağı taze rendelenmiş Parmigiano-Reggiano

1. Gerekirse suyu hazırlayın. Et suyunu orta ateşte kaynamaya bırakın, ardından suyu sıcak tutacak şekilde ısıyı düşürün. Geniş

ve ağır bir tencerede, orta ateşte üç yemek kaşığı tereyağını eritin. Arpacık soğanlarını ekleyin ve sık sık karıştırarak altın rengi olana kadar yaklaşık 5 dakika pişirin.

2. Kabağı ve 1/2 bardak et suyunu ekleyin. Et suyu buharlaşana kadar pişirin.

3. Pirinci ekleyin ve tahta bir kaşıkla karıştırarak yaklaşık 2 dakika kadar pişirin. Şarabı buharlaşana kadar karıştırın.

4. 1/2 bardak sıcak et suyunu ekleyin ve sıvı emilene kadar karıştırın. Her eklemeden sonra karıştırarak suyu 1/2 bardak eklemeye devam edin. Isıyı, sıvının hızla kaynaması ancak pirincin tavaya yapışmaması için ayarlayın. Pişirmenin yarısında, tadına bakmak için tuz ve karabiber ekleyin.

5. Pirinç yumuşayana kadar ancak ısırmak için sertleşene ve risotto kremsi olana kadar sadece gerektiği kadar et suyu kullanın. Yapılabileceğini düşündüğünüzde, birkaç tahılın tadına bakın. Hazır değilse, bir dakika kadar sonra yeniden test edin. Et suyu pirinç yumuşamadan biterse sıcak su kullanın. Pişirme süresi 18 ila 20 dakika olacaktır.

6. Risotto tavasını ocaktan alın. Kalan tereyağı ve peyniri karıştırın. Hemen servis yapın.

Bezelye ile Venedik Risotto

Risi ve Bisi

6 porsiyon yapar

Venedik'te bu risotto, baharın gelişini ve mevsimin taze sebzelerinin ilkini kutlamak için yenir. Venedikliler, risottolarını çorba yerine tercih ederler, bu nedenle özgünlük için gidiyorsanız, bitmiş risottoya fazladan bir kaşık kadar et suyu veya su ekleyin.

6 bardak Tavuk suyu

1 orta boy sarı soğan, ince kıyılmış

4 yemek kaşığı zeytinyağı

Arborio, Carnaroli veya Vialone Nano gibi 2 su bardağı orta taneli pirinç

Tuz ve taze çekilmiş karabiber

2 su bardağı kabuklu bezelye veya donmuş bezelye, kısmen çözülmüş

2 yemek kaşığı ince kıyılmış düz yapraklı maydanoz

½ su bardağı taze rendelenmiş Parmigiano-Reggiano

2 yemek kaşığı tuzsuz tereyağı

1. Gerekirse suyu hazırlayın. Et suyunu orta ateşte kaynamaya bırakın, ardından suyu sıcak tutacak şekilde ısıyı düşürün. Yağı geniş bir ağır tencereye dökün. Soğanı ekleyin ve orta ateşte soğan yumuşayana ve altın rengi olana kadar yaklaşık 10 dakika pişirin.

2. Pirinci ekleyin ve bir tahta kaşıkla karıştırarak, yaklaşık 2 dakika kadar sıcak olana kadar pişirin. Yaklaşık 1/2 bardak sıcak et suyu ekleyin ve emilene kadar karıştırın. Her eklemeden sonra karıştırarak, her seferinde 1/2 bardak et suyu eklemeye devam edin. Isıyı, sıvının hızla kaynaması ancak pirincin tavaya yapışmaması için ayarlayın. Pişirmenin yarısında, tadına bakmak için tuz ve karabiber ekleyin.

3. Bezelye ve maydanozu ekleyin. Sıvıyı ekleyip karıştırmaya devam edin. Pirinç yumuşak ama ısırmaya karşı sağlam olmalı ve risotto gevşek, biraz çorbamsı bir kıvama sahip olmalıdır. Et suyu biterse sıcak su kullanın. Pişirme süresi 18 ila 20 dakika olacaktır.

4. Pirinç yumuşak ama yine de sert olduğunda, tencereyi ocaktan alın. Peynir ve tereyağını ekleyip iyice karıştırın. Hemen servis yapın.

İlkbahar Risottosu

Risotto Primavera

4 ila 6 porsiyon yapar

Minik renkli sebze parçaları bu parlak ve lezzetli risottoyu süslüyor. Sebzeler fazla pişmesin diye azar azar ilave edilir.

6 su bardağı sebze suyu veya su

3 yemek kaşığı tuzsuz tereyağı

1 yemek kaşığı zeytinyağı

1 orta boy soğan, ince kıyılmış

1 küçük havuç, doğranmış

1 küçük yumuşak kereviz kaburga, kıyılmış

Arborio, Carnaroli veya Vialone Nano gibi 2 su bardağı orta taneli pirinç

1/2 su bardağı taze veya dondurulmuş bezelye

1 su bardağı dilimlenmiş mantar, herhangi bir çeşit

6 kuşkonmaz, kırpılmış ve 1/2 inçlik parçalar halinde kesilmiş

Tuz ve taze çekilmiş karabiber

1 büyük domates, çekirdekleri çıkarılmış ve doğranmış

2 yemek kaşığı ince kıyılmış taze düz yapraklı maydanoz

½ su bardağı taze rendelenmiş Parmigiano-Reggiano

1. Gerekirse suyu hazırlayın. Et suyunu orta ateşte kaynamaya bırakın, ardından suyu sıcak tutacak şekilde ısıyı düşürün. Geniş ve ağır bir tencerede, 2 yemek kaşığı tereyağı ve yağı orta ateşte birleştirin. Tereyağı eridiğinde, soğanı ekleyin ve altın rengi olana kadar yaklaşık 10 dakika pişirin.

2. Havuç ve kerevizi ekleyip 2 dakika pişirin. İyice kaplanana kadar pirinci karıştırın.

3. 1/2 su bardağı et suyunu ekleyin ve tahta kaşıkla sürekli karıştırarak suyunu çekene kadar pişirin. Her eklemeden sonra 10 dakika karıştırarak, her seferinde 1/2 bardak et suyu eklemeye devam edin. Isıyı, sıvının hızla kaynaması ancak pirincin tavaya yapışmaması için ayarlayın.

4. Bezelye, mantar ve kuşkonmazın yarısını ekleyin. Tatmak için tuz ve karabiber ekleyin. Et suyunu ekleyip 10 dakika daha karıştırmaya devam edin. Kalan kuşkonmaz ve domatesi karıştırın. Et suyunu ekleyin ve pirinç sertleşene, ancak ısırmaya

karşı yumuşak olana ve risotto kremsi olana kadar karıştırın. Yapılabileceğini düşündüğünüzde, birkaç tahılın tadına bakın. Hazır değilse, bir dakika kadar sonra yeniden test edin.

5. Risotto tavasını ocaktan alın. Baharat için tat. Maydanoz ve kalan tereyağını karıştırın. Peyniri karıştırın. Hemen servis yapın.

Domatesli ve Fontinalı Risotto

Pomodori ve Fontina ile Risotto

6 porsiyon yapar

Orijinal Fontina Valle d'Aosta, başka bir yerde üretilen fontina'nın aksine, çatlak, meyvemsi ve dünyevi belirgin bir tada sahiptir. Kuzeybatı İtalya'dan gelen bu risottoyu aramaya değer. Bu yemek, yakındaki Piedmont bölgesinden Arneis gibi çiçeksi beyaz bir şarapla iyi gider.

5 bardak Tavuk suyu

3 yemek kaşığı tuzsuz tereyağı

1 orta boy soğan, ince kıyılmış

1 su bardağı soyulmuş, çekirdekleri çıkarılmış ve doğranmış domates

Arborio, Carnaroli veya Vialone Nano gibi 2 su bardağı orta taneli pirinç

½ su bardağı sek beyaz şarap

Tuz ve taze çekilmiş karabiber

4 ons Fontina Valle d'Aosta, kıyılmış

½ su bardağı taze rendelenmiş Parmigiano-Reggiano

1. Gerekirse suyu hazırlayın. Et suyunu orta ateşte kaynamaya bırakın, ardından suyu sıcak tutacak şekilde ısıyı düşürün. Tereyağını geniş ve ağır bir tencerede orta ateşte eritin. Soğanı ekleyin ve ara sıra karıştırarak soğan yumuşayana ve altın rengi olana kadar yaklaşık 10 dakika pişirin.

2. Domatesleri karıştırın. Sıvının çoğu buharlaşana kadar yaklaşık 10 dakika pişirin.

3. Pirinci ekleyin ve bir tahta kaşıkla karıştırarak, yaklaşık 2 dakika kadar sıcak olana kadar pişirin. Şarabı ve 1/2 bardak et suyunu pirincin üzerine dökün. Pişirin ve sıvının çoğu emilene kadar karıştırın.

4. Her eklemeden sonra karıştırarak, bir seferde yaklaşık 1/2 bardak et suyu eklemeye devam edin. Isıyı, sıvının hızla kaynaması ancak pirincin tavaya yapışmaması için ayarlayın. Pişirmenin yaklaşık yarısında, tadına bakmak için tuz ve karabiber ekleyin.

5. Pirinç yumuşayana kadar ancak ısırmak için sertleşene ve risotto kremsi olana kadar sadece gerektiği kadar et suyu kullanın. Yapılabileceğini düşündüğünüzde, birkaç tahılın tadına bakın. Hazır değilse, bir dakika kadar sonra yeniden test edin. Et

suyu pirinç yumuşamadan biterse sıcak su kullanın. Pişirme süresi 18 ila 20 dakikadır.

6. Risotto tavasını ocaktan alın. Peynirleri karıştırın. Baharat için tat. Hemen servis yapın.

Karides ve Kereviz Risotto

Risotto con Gamberi ve Sedano

6 porsiyon yapar

Birçok İtalyan tarifi, soffritto, yağ veya tereyağı veya bazen her ikisinin bir kombinasyonu ve soğan, kereviz, havuç, sarımsak ve bazen otları içerebilen ancak bunlarla sınırlı olmayan aromatik sebzelerle tatlandırılır. Bazen etli bir tat için soffritto'ya tuzlu domuz eti veya pancetta eklenir.

Tanıdığım çoğu İtalyan aşçı gibi, soffritto malzemelerini bir kerede tencereye koymayı, ardından ocağı açmayı tercih ederim, böylece her şey ısınır ve nazikçe pişer ve sonuçları daha iyi kontrol edebilirim. Soffritto'yu sık sık karıştırıyorum, bazen sebzeler hafif bir tat için solana kadar veya daha fazla derinlik için altın rengi kahverengi olana kadar pişiriyorum. Bunun yerine, önce yağı veya tereyağını ısıtırsanız, tava inceyse, ısı biraz fazla yüksekse yağ çok ısınabilir veya bir an için dikkatiniz dağılır. Daha sonra diğer soffritto aromaları eklendiğinde çok hızlı ve düzensiz bir şekilde kahverengileşirler.

Emilia-Romagna'dan bu tarif için soffritto iki aşamada yapılır. Sadece zeytinyağı ve soğanla başlıyor çünkü soğanın aromasını yağa bırakmasını ve bir şekilde arka planda kaybolmasını istiyorum. İkinci aşama kereviz, maydanoz ve sarımsağı, kereviz biraz çıtır kalacak ve lezzetini salacak ve maydanoz ve sarımsak ile başka bir tat tabakası oluşturacak şekilde pişirmektir.

Kabuklu karides satın alırsanız, lezzetli bir karides suyu yapmak için kabukları saklayın. Aceleniz varsa, kabuklu karides satın alabilir ve sadece tavuk veya balık suyunu ve hatta suyu kullanabilirsiniz.

6 bardak ev yapımı<u>Tavuk suyu</u>veya mağazadan satın alınan balık stoğu

1 pound orta karides

1 küçük soğan, ince kıyılmış

2 yemek kaşığı zeytinyağı

1 su bardağı ince kıyılmış kereviz

2 diş sarımsak, ince kıyılmış

2 yemek kaşığı kıyılmış taze düz yapraklı maydanoz

Arborio, Carnaroli veya Vialone Nano gibi 2 su bardağı orta taneli pirinç

Tatmak için tuz ve taze çekilmiş karabiber

1 yemek kaşığı tuzsuz tereyağı veya sızma zeytinyağı

1. Gerekirse suyu hazırlayın. Ardından, kabukları ayırarak karidesin kabuklarını soyun ve ayıklayın. Karidesleri 1/2 inçlik parçalar halinde kesin ve bir kenara koyun. Kabukları et suyuyla birlikte büyük bir tencereye koyun. Bir kaynamaya getirin ve 10 dakika pişirin. Et suyunu süzün ve kabukları atın. Et suyunu tavaya geri koyun ve çok kısık ateşte tutun.

2. Geniş ve ağır bir tencerede, soğanı yağda orta ateşte sık sık karıştırarak yaklaşık 5 dakika pişirin. Kereviz, sarımsak ve maydanozu ilave edip 5 dakika daha pişirin.

3. Pirinci sebzelere ekleyin ve birleştirmek için iyice karıştırın. 1/2 bardak et suyu ekleyin ve sıvı emilene kadar karıştırarak pişirin. Her eklemeden sonra karıştırarak suyu 1/2 bardak eklemeye devam edin. Isıyı, sıvının hızla kaynaması ancak pirincin tavaya yapışmaması için ayarlayın.

4. Pirinç neredeyse bittiğinde, tadına bakmak için karides, tuz ve karabiber ekleyin. Pirinç yumuşayana kadar, ancak ısırmak için sağlam hale gelene ve risotto nemli ve kremsi olana kadar sadece gerektiği kadar et suyu kullanın. Yapılabileceğini düşündüğünüzde, birkaç tahılın tadına bakın. Hazır değilse, bir dakika kadar sonra yeniden test edin. Et suyu pirinç yumuşamadan biterse sıcak su kullanın. Pişirme süresi 18 ila 20 dakikadır.

5.Risottoyu ocaktan alın. Tereyağı veya sıvı yağ ekleyin ve karışana kadar karıştırın. Hemen servis yapın.

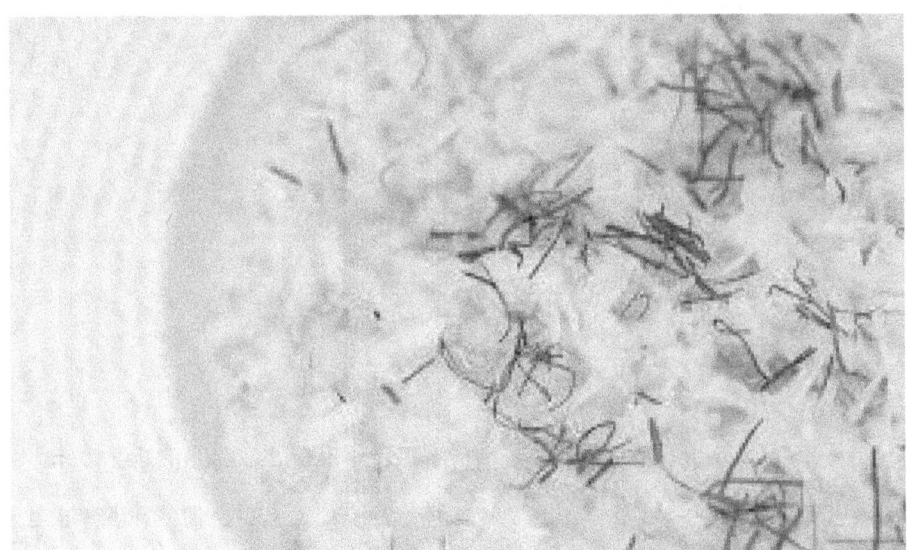

"Deniz Meyveleri" ile Risotto

Risotto con Frutti di Mare

4 ila 6 porsiyon yapar

Bu risottoya küçük istiridye veya midye, hatta ton balığı gibi sert balık parçaları eklenebilir. Bu tarifin ortaya çıktığı Veneto'daki aşçılar, Vialone Nano pirinç çeşidini tercih ediyor.

6 bardak <u>Tavuk suyu</u> veya su

6 yemek kaşığı zeytinyağı

2 yemek kaşığı kıyılmış taze düz yapraklı maydanoz

2 büyük diş sarımsak, ince kıyılmış

1/2 pound kalamar (kalamar), 1/2 inçlik halkalar halinde kesilmiş ve taban boyunca ikiye bölünmüş dokunaçlar (bkz. <u>Kalamarın Temizlenmesi (Kalamar)</u>)

1/4 pound karides, kabuklu ve kabuğu çıkarılmış ve 1/2 inçlik parçalar halinde kesilmiş

1/4 pound deniz tarağı, 1/2 inçlik parçalar halinde kesilmiş

Tuz

Bir tutam ezilmiş kırmızı biber

1 orta boy soğan, ince kıyılmış

Arborio, Carnaroli veya Vialone Nano gibi 2 su bardağı orta taneli pirinç

½ su bardağı sek beyaz şarap

1 su bardağı soyulmuş, çekirdekleri çıkarılmış ve doğranmış domates

1. Gerekirse suyu hazırlayın. Geniş ve ağır bir tencereye 3 yemek kaşığı sıvı yağ ile sarımsak ve maydanozu koyun. Sarımsak yumuşayana ve altın rengi olana kadar yaklaşık 2 dakika ara sıra karıştırarak orta ateşte pişirin. Tüm deniz ürünlerini, tadına göre tuzu ve kırmızı biberi ekleyin ve kalamar tamamen opak olana kadar yaklaşık 5 dakika karıştırarak pişirin.

2. Deniz ürünlerini oluklu bir kaşıkla bir tabağa alın. Tavuk suyunu tencereye ekleyin ve kaynamaya bırakın. Risottoyu pişirirken suyu çok kısık ateşte tutun.

3. Geniş ve ağır bir tencerede, orta ateşte, soğanı kalan 3 yemek kaşığı yağda altın rengi olana kadar yaklaşık 10 dakika pişirin.

4. Pirinci ekleyin ve bir tahta kaşıkla karıştırarak, yaklaşık 2 dakika kadar sıcak olana kadar pişirin. Şarabı karıştırın. Sıvının çoğu emilene kadar pişirin. 1/2 bardak sıcak et suyunu ekleyin ve sıvı emilene kadar karıştırın. Her eklemeden sonra karıştırarak suyu 1/2 bardak eklemeye devam edin. Isıyı, sıvının hızla kaynaması

ancak pirincin tavaya yapışmaması için ayarlayın. Pişirmenin yaklaşık yarısında, tatmak için domates ve tuzu karıştırın.

5. Pirinç yumuşayana kadar ancak ısırmak için sertleşene ve risotto kremsi olana kadar sadece gerektiği kadar et suyu kullanın. Yapılabileceğini düşündüğünüzde, birkaç tahılın tadına bakın. Hazır değilse, bir dakika kadar sonra yeniden test edin. Et suyu pirinç yumuşamadan biterse sıcak su kullanın. Pişirme süresi 18 ila 20 dakikadır.

6. Deniz ürünlerini tencereye ekleyin ve 1 dakika daha pişirin. Risotto tavasını ocaktan alın. Hemen servis yapın.

"Deniz ve Dağ" Risotto

Risotto Maremonti

6 porsiyon yapar

İtalya'da bir menüde maremonti kelimesini gördüğünüzde, yemeğin denizi ve dağları temsil eden deniz mahsulleri ve mantarlar içereceğinden emin olabilirsiniz. Bu risottoda ilgi çekici bir kombinasyon.

6 bardak marketten alınmış sebze suyu veya su

3 yemek kaşığı tuzsuz tereyağı

¼ su bardağı ince kıyılmış arpacık

10 ons cremini veya beyaz mantar, ince dilimlenmiş

Tuz ve taze çekilmiş karabiber

Arborio, Carnaroli veya Vialone Nano gibi 2 su bardağı orta taneli pirinç

12 ons kabuklu ve kabuğu çıkarılmış karides, 1/2 inç parçalar halinde kesilmiş

½ su bardağı taze rendelenmiş Parmigiano-Reggiano

1. Büyük bir tencerede, suyu orta ateşte kaynama noktasına getirin, ardından ısıyı düşürerek suyu sıcak tutmasını sağlayın. Geniş bir ağır tencerede, 2 yemek kaşığı tereyağını orta ateşte eritin. Arpacık soğanı ve mantarları ekleyin. Suları buharlaşana ve mantarlar kahverengiye dönene kadar sık sık karıştırarak yaklaşık 10 dakika pişirin. Tatmak için tuz ve karabiber ilave edin.

2. Pirinci ekleyin ve tahta bir kaşıkla karıştırarak yaklaşık 2 dakika kadar pişirin. 1/2 bardak sıcak et suyunu ekleyin ve sıvı emilene kadar karıştırın. Her eklemeden sonra karıştırarak suyu 1/2 bardak eklemeye devam edin. Isıyı, sıvının hızla kaynaması ancak pirincin tavaya yapışmaması için ayarlayın. Pişirmenin yaklaşık yarısında, tadına bakmak için karides, tuz ve karabiber ekleyin.

3. Pirinç yumuşayana kadar ancak ısırmak için sertleşene ve risotto kremsi olana kadar sadece gerektiği kadar et suyu kullanın. Yapılabileceğini düşündüğünüzde, birkaç tahılın tadına bakın. Hazır değilse, bir dakika kadar sonra yeniden test edin. Et suyu pirinç yumuşamadan biterse sıcak su kullanın. Pişirme süresi 18 ila 20 dakikadır.

4. Risotto tavasını ocaktan alın. Kalan 1 çorba kaşığı tereyağını karıştırın. Peyniri karıştırın ve hemen servis yapın.

Siyah Risotto

Risotto alle Seppie

4 ila 6 porsiyon yapar

Venedik'te kalamar (mürekkep balığı) veya mürekkep balığı mürekkebi geleneksel olarak bu risottoyu havyar benzeri siyah bir tona dönüştürür. Amerika Birleşik Devletleri'ndeki çoğu deniz ürününün mürekkep kesesi siz satın almadan önce çıkarılır, ancak kalamar mürekkebini çoğu deniz ürünleri mağazasında küçük plastik zarflar içinde satın alabilirsiniz. Kalamar ve mürekkebi o kadar lezzetli ki bu risottoyu et suyu yerine suyla yapıyorum ki salamurasına bir şey olmasın.

6 su bardağı su

4 yemek kaşığı zeytinyağı

1 orta boy soğan, ince kıyılmış

1 diş sarımsak, ince kıyılmış

12 ons kalamar (kalamar), 1/2 inçlik halkalar halinde kesilmiş ve taban boyunca ikiye bölünmüş dokunaçlar (bkz.<u>Kalamarın Temizlenmesi (Kalamar)</u>)

Tuz ve taze çekilmiş karabiber

1 su bardağı kuru beyaz şarap

Arborio, Carnaroli veya Vialone Nano gibi 2 su bardağı orta taneli pirinç

1 ila 2 çay kaşığı kalamar veya mürekkep balığı mürekkebi (isteğe bağlı)

1 ila 2 yemek kaşığı sızma zeytinyağı

1. Orta boy bir tencerede, suyu orta ateşte kaynatın, ardından suyu sıcak tutacak şekilde ısıyı azaltın.

2. 4 yemek kaşığı sıvı yağı geniş bir tencereye alın. Soğanı ekleyin ve orta ateşte sık sık karıştırarak yumuşayana ve altın rengi olana kadar yaklaşık 10 dakika pişirin. Kalamar ekleyin ve tadına bakmak için tuz ve karabiber ekleyin. Tavayı örtün ve 10 dakika pişirin. Şarabı ekleyin ve 1 dakika daha pişirin.

3. Pirinci ekleyin ve yaklaşık 2 dakika sıcak olana kadar tahta bir kaşıkla karıştırarak pişirin. 1/2 su bardağı sıcak su ekleyin ve sıvı emilene kadar karıştırın. Her eklemeden sonra karıştırarak 1/2 bardak suyu bir seferde eklemeye devam edin. Isıyı, sıvının hızla kaynaması ancak pirincin tavaya yapışmaması için ayarlayın. Pişirmenin yarısında, kullanılıyorsa kalamar mürekkebi ve tadına göre tuz ekleyin.

4. Pirinç yumuşayana kadar ancak ısırmak için sertleşene ve risotto kremsi olana kadar sadece gerektiği kadar su kullanın.

Yapılabileceğini düşündüğünüzde, birkaç tahılın tadına bakın. Hazır değilse, bir dakika kadar sonra yeniden test edin. Pişirme süresi 18 ila 20 dakikadır.

5. Risotto tavasını ocaktan alın. Harmanlanana kadar yağı karıştırın. Hemen servis yapın.

Gevrek Risotto Gözleme

Risotto al Salto

2 ila 4 porsiyon yapar

Bu altın rengi risotto gözlemenin dışı çıtır çıtır, içi ise kremsidir. Milano'da gözleme, "zıplayan risotto" anlamına gelen risotto al salto olarak adlandırılır, çünkü sıcak tereyağında pişirilir, bu da tavadan fırlıyormuş gibi görünmesini sağlar. Milanolular tipik olarak gözlemeyi artıklarla hazırlasa daSafranlı Risotto, Milano Usulü, Her türlü risottoyu kullanırım ve bazen sırf bu amaçla sıfırdan yaparım.

Gözlemeyi birçok şekilde servis edebilirsiniz - sade, domates sosu ve üzerine peynir serpilmiş veya güveç için temel olarak. Bir salataya eşlik etmek veya meze olarak servis etmek için dilimler halinde kesebilirsiniz. Bireysel mezeler veya atıştırmalıklar için küçük gümüş dolar boyutunda krepler de yapabilirsiniz.

2 bardak soğuk artık risotto

1 büyük yumurta, dövülmüş

2 yemek kaşığı tuzsuz tereyağı

1. Orta boy bir kapta, risotto ve yumurtayı iyice karışana kadar karıştırın.

2. Orta ateşte orta yapışmaz tavada 1 çorba kaşığı tereyağını eritin. Üzerine risottoyu ekleyip kaşıkla düzeltin. Altta huysuz ve altın kahverengi olana kadar yaklaşık 5 dakika pişirin.

3. Pankeki bir yemek tabağına çevirin. Kalan tereyağını eritip pankeki tekrar tavaya alın. Kaşığın arkası ile güzelce düzeltin. Altın olana kadar 4 ila 5 dakika daha pişirin.

4. Pankeki bir tabağa kaydırın. Takozlar halinde kesin ve sıcak servis yapın.

EKSTRA TATLI TARİFLERİ

mandalina granit

Granita di Mandarino

4 porsiyon yapar

Güney İtalya, her çeşit turunçgil meyvesinde bol miktarda bulunur. Puglia'daki Taranto'da bu granita vardı. Mandalina, tangelo, mandalina veya mandalina suyu bu şekilde hazırlanabilir.

Bu karışıma daha fazla likör eklemeye kalkmayın, yoksa alkol donmasını engelleyebilir.

1 su bardağı soğutulmuş basit şurup

1 su bardağı taze mandalina suyu (yaklaşık 4 orta boy mandalinadan)

1 çay kaşığı taze rendelenmiş mandalina kabuğu

2 yemek kaşığı mandalina veya portakal likörü

1. Gerekirse basit şurubu hazırlayın ve soğutun. Ardından, 13 × 9 × 2 inçlik metal bir tavayı dondurucuya yerleştirin.

2. Büyük bir kapta, iyice karışana kadar meyve suyu, lezzet, şurup ve likörü karıştırın. Soğutulmuş tavayı dondurucudan çıkarın ve sıvıyı tavaya dökün.

3. Tavayı dondurucuya 30 dakika veya kenarlarında 1 inçlik buz kristalleri oluşana kadar yerleştirin. Buz kristallerini karışımın merkezine karıştırın. Tavayı tekrar dondurucuya koyun ve sıvının tamamı donana kadar yaklaşık 2 ila 21/2 saat boyunca her 30 dakikada bir karıştırarak dondurmaya devam edin. Hemen servis yapın veya karışımı plastik bir kaba kazıyın, üzerini kapatın ve 24 saate kadar dondurucuda saklayın.

4. Gerekirse servis yapmadan yaklaşık 15 dakika önce yumuşaması için dondurucudan çıkarın.

Çilek Şarabı Granita

Granita di Fragola al Vino

6 ila 8 porsiyon yapar

Taze olgun çileklerle bu lezzetlidir, ancak böylesine çileklerin tadı bile bu granitada harikadır.

2 pint çilek, durulanmış ve kabuğu çıkarılmış

½ bardak şeker veya tadı

1 su bardağı kuru beyaz şarap

2 ila 3 yemek kaşığı taze limon suyu

1. Soğutmak için dondurucuya 13 × 9 × 2 inçlik bir tava yerleştirin. Çilekleri ikiye veya büyükse dörde bölün. Büyük bir tencerede çilekleri, şekeri ve şarabı birleştirin. Bir kaynamaya getirin ve şeker eriyene kadar ara sıra karıştırarak 5 dakika pişirin. Ateşten alın ve soğumaya bırakın. En az 1 saat soğuyana kadar soğutun.

2. Karışımı bir mutfak robotu veya karıştırıcıya dökün. Pürüzsüz olana kadar püre yapın. Tatmak için limon suyunu karıştırın.

3.Soğuyan tepsiyi buzluktan çıkarın ve karışımı tepsiye dökün. Tavayı dondurucuya 30 dakika veya kenarlarında 1 inçlik buz kristalleri oluşana kadar yerleştirin. Buz kristallerini karışımın merkezine karıştırın. Tavayı tekrar dondurucuya koyun ve sıvının tamamı donana kadar yaklaşık 2 ila 21/2 saat boyunca her 30 dakikada bir karıştırarak dondurmaya devam edin. Hemen servis yapın veya karışımı plastik bir kaba kazıyın, üzerini kapatın ve 24 saate kadar dondurucuda saklayın.

4.Gerekirse servis yapmadan yaklaşık 15 dakika önce yumuşaması için dondurucudan çıkarın.

kahve granit

Granita di Caffe

8 porsiyon yapar

Roma'daki Pantheon yakınlarındaki Caffè Tazza d'Oro, şehrin en iyi kahvelerinden bazılarını yapar. Yaz aylarında hem turistler hem de yerli halk, bir parça taze çırpılmış krema ile veya onsuz servis edilen granita di caffè, espresso kahve buzlarına geçer. Yaz yemeklerinden sonra yapması kolay ve ferahlatıcıdır.

4 su bardağı su

5 tepeleme tatlı kaşığı instant espresso tozu

2 ila 4 yemek kaşığı şeker

Krem şanti (isteğe bağlı)

1. Soğutmak için dondurucuya 13 × 9 × 2 inçlik bir tava yerleştirin. Suyu kaynamaya getirin. Ateşten alın. Hazır espresso tozunu ve şekeri tatmak için karıştırın. Biraz soğumaya bırakın, sonra örtün. Soğuyana kadar soğutun, yaklaşık 1 saat.

2. Soğutulmuş tavayı dondurucudan çıkarın ve kahveyi tavaya dökün. Kenarlarda 1 inçlik bir buz kristali sınırı oluşana kadar

dondurun. Buz kristallerini karışımın merkezine karıştırın. Tavayı tekrar dondurucuya koyun ve sıvının tamamı donana kadar yaklaşık 2 ila 21/2 saat boyunca her 30 dakikada bir karıştırarak dondurmaya devam edin.

3. Hemen servis yapın, kullanılıyorsa üstüne krema ekleyin veya karışımı plastik bir kaba kazıyın, üzerini kapatın ve 24 saate kadar dondurucuda saklayın.

4. Gerekirse servis yapmadan yaklaşık 15 dakika önce yumuşaması için dondurucudan çıkarın.

Narenciye ve Campari Granita

Granita di Agrumi e Campari

6 porsiyon yapar

Parlak kırmızı bir aperatif olan Campari, genellikle yemekten önce buzla veya sodayla karıştırılarak içilir. Bu granita için narenciye suyu ile birleştirilir. Campari'nin çok canlandırıcı hoş bir acı kenarı vardır ve granita güzel bir pembe renge sahiptir.

1 su bardağı su

½ su bardağı şeker

2 su bardağı taze sıkılmış greyfurt suyu

1 su bardağı taze sıkılmış portakal suyu

1 çay kaşığı rendelenmiş portakal kabuğu

¾ bardak Campari

1. En az 15 dakika soğutmak için 13 × 9 × 2 inçlik bir tavayı dondurucuya yerleştirin. Küçük bir tencerede su ve şekeri birleştirin. Orta ateşte kaynamaya bırakın, sonra ara sıra karıştırarak şeker eriyene kadar pişirin. İyice karıştırın. Ateşten alın ve soğumaya bırakın. Şurubu soğutun.

2. Soğutulmuş şurubu, meyve sularını, Campari'yi ve portakal kabuğunu karıştırın.

3. Soğuyan tepsiyi buzluktan çıkarın ve karışımı tepsiye dökün. Tavayı dondurucuya 30 dakika veya kenarlarında 1 inçlik buz kristalleri oluşana kadar yerleştirin. Buz kristallerini karışımın merkezine karıştırın. Tavayı tekrar dondurucuya koyun ve sıvının tamamı donana kadar yaklaşık 2 ila 21/2 saat boyunca her 30 dakikada bir karıştırarak dondurmaya devam edin. Hemen servis yapın veya karışımı plastik bir kaba kazıyın, üzerini kapatın ve 24 saate kadar dondurucuda saklayın.

4. Gerekirse servis yapmadan yaklaşık 15 dakika önce yumuşaması için dondurucudan çıkarın.

Beyaz Şeftali ve Prosecco Granita

Granita di Pesche ve Prosecco

6 porsiyon yapar

Bu granita, Venedik'teki Harry's Bar tarafından ünlenen lezzetli bir kokteyl olan Bellini'den ilham almıştır. Bellini, beyaz şeftali suyu ve Veneto bölgesinden köpüklü beyaz bir şarap olan prosecco ile yapılır.

Süper ince şeker, toz şekerden daha kolay karışır, ancak bulamazsanız biraz soğutulmuş şeker kullanın.basit şuruptatmak

5 orta boy olgun beyaz şeftali, soyulmuş ve parçalar halinde kesilmiş

½ su bardağı çok ince şeker

2 yemek kaşığı taze limon suyu veya tadı

1 su bardağı prosecco veya diğer sek köpüklü beyaz şarap

1. En az 15 dakika soğutmak için 13 × 9 × 2 inçlik bir tavayı dondurucuya yerleştirin. Bir blender veya mutfak robotunda şeftalileri, çok ince şekeri ve limon suyunu birleştirin. Şeker tamamen eriyene kadar karıştırın veya işleyin. Şarabı karıştırın.

2. Soğuyan tepsiyi buzluktan çıkarın ve karışımı tepsiye dökün. Tavayı dondurucuya 30 dakika veya kenarlarında 1 inçlik buz kristalleri oluşana kadar yerleştirin. Buz kristallerini karışımın merkezine karıştırın. Tavayı tekrar dondurucuya koyun ve sıvının tamamı donana kadar yaklaşık 2 ila 21/2 saat boyunca her 30 dakikada bir karıştırarak dondurmaya devam edin. Hemen servis yapın veya karışımı plastik bir kaba kazıyın, üzerini kapatın ve 24 saate kadar dondurucuda saklayın.

3. Gerekirse servis yapmadan yaklaşık 15 dakika önce yumuşaması için dondurucudan çıkarın.

çikolata Şerbeti

Sorbetto di Cioccolato

6 porsiyon yapar

Şerbet, kremsi olması için süt veya yumurta akı içeren, pürüzsüz dokulu, donmuş bir tatlıdır. Bu, Venedik'teki Piazza San Marco'daki tarihi bir kahve barı ve çay salonu olan Caffè Florian'da yediğim şerbetin benim versiyonum.

½ su bardağı şeker

3 ons bittersweet çikolata, kırılmış

1 su bardağı su

1 su bardağı tam yağlı süt

1. Küçük bir tencerede, tüm malzemeleri birleştirin. Orta ateşte kaynamaya getirin. Bir çırpma teli ile sürekli karıştırarak, karışana ve pürüzsüz olana kadar yaklaşık 5 dakika pişirin.

2. Karışımı orta boy bir kaseye dökün. Örtün ve soğuyana kadar soğutun.

3.Dondurma dondurucunuzdaki üreticinin talimatlarına uyun veya sığ tavalarda yaklaşık 2 saat sert ama sert olmayana kadar dondurun. Karışımı bir mikser kasesine alın ve pürüzsüz olana kadar çırpın. Plastik bir kaba koyun, üzerini kapatın ve dondurucuda saklayın. 24 saat içinde servis yapın.

Prosecco Limon Slush

Sgroppino

4 porsiyon yapar

Venedikliler yemeklerini sgroppino, sek köpüklü beyaz bir şarap olan prosecco ile çırpılmış limon şerbetinden oluşan sofistike kremalı bir sulu karla bitirmeyi severler. Son dakikada yapılması gereken, sofrada hazırlaması eğlenceli bir tatlıdır. Martini bardaklarında servis etmeyi seviyorum. Mağazadan alınmış kaliteli bir limon şerbeti veya şerbet kullanın. Geleneksel değil ama portakal da iyi olur.

1 su bardağı limon şerbeti

1 su bardağı çok soğuk prosecco veya başka bir sek köpüklü şarap

nane dalları

1. Tatlıyı servis etmeyi planlamanızdan birkaç saat önce, 4 büyük kadehi veya parfe bardağını buzdolabında soğutun.

2. Servis yapmadan hemen önce şerbeti buzluktan çıkarın. Toplanacak kadar yumuşak olana kadar yaklaşık 10 dakika oda sıcaklığında bekletin. Orta boy bir kaseye şerbeti kaşıkla dökün. Yumuşak ve pürüzsüz olana kadar çırpın.

3. Yavaş yavaş prosecco'yu ekleyin ve kremsi ve pürüzsüz olana kadar bir çırpma teli ile kısaca çırpın. Slush'ı soğutulmuş şarap kadehlerine veya martini bardaklarına hızla dökün. Nane ile süsleyin. Hemen servis yapın.

Pembe Prosecco Slush

Tüm Fragole'u Sgroppino

6 porsiyon yapar

Pazarınızdaki taze çilekler olgun ve güzel kokulu değilse, bu kolay tatlı için donmuş çilek kullanmayı deneyin.

1 su bardağı dilimlenmiş çilek

1 ila 2 yemek kaşığı şeker

1 su bardağı limon şerbeti

1 su bardağı prosecco veya diğer kuru köpüklü şarap

Garnitür için küçük taze çilek veya limon dilimleri

1. Tatlıyı servis etmeyi planlamanızdan birkaç saat önce, 6 büyük kadehi veya parfe bardağını buzdolabında soğutun.

2. Çilekleri ve 1 yemek kaşığı şekeri bir mutfak robotuna veya karıştırıcıya koyun. Çilekleri pürüzsüz olana kadar püre haline getirin. Tat için tat. Gerekirse daha fazla şeker ekleyin.

3. Servis yapmadan hemen önce şerbeti buzluktan çıkarın. Toplanacak kadar yumuşak olana kadar yaklaşık 10 dakika oda

sıcaklığında bekletin. Orta boy bir kaseye şerbeti kaşıkla dökün. Yumuşak ve pürüzsüz olana kadar çırpın. Çilek püresini çırpın. Şarabı hızla çırpın ve karışım kremsi ve pürüzsüz olana kadar çırpın. Soğutulmuş bardaklara dökün. Çilek veya limon dilimleri ile süsleyip hemen servis yapın.

"Kremalı" Dondurma

Dondurmalı dondurma

6 ila 8 porsiyon yapar

Bu hafif, taze tatma gelatoda bir miktar limon aroması. Yöresel çileklerin mevsiminde yapmayı ve birlikte ikram etmeyi çok seviyorum.

3 su bardağı tam yağlı süt

4 yumurta sarısı

2/3 su bardağı şeker

1 çay kaşığı saf vanilya özü

1 çay kaşığı rendelenmiş limon kabuğu

1. Orta boy bir tencerede, tencerenin kenarlarında küçük kabarcıklar oluşana kadar sütü orta ateşte ısıtın. Sütü kaynatmayın. Ateşten alın.

2. Isıya dayanıklı bir karıştırma kabında, yumurta sarısını ve şekeri koyulaşana ve iyice karışana kadar çırpın. Sıcak sütü önce yavaş

yavaş ekleyin ve sütün tamamı karışana kadar sürekli çırpın. Limon kabuğu rendesini ekleyin.

3. Karışımı tekrar tencereye boşaltın. Tencereyi orta ateşte yerleştirin. Tahta kaşıkla sürekli karıştırarak, tencereden buhar çıkmaya başlayana ve krema hafif koyulaşana kadar yaklaşık 5 dakika pişirin.

4. Kremayı tel süzgeçten geçirerek bir kaseye alın. Vanilyayı ekleyin. Hafifçe soğumaya bırakın, ardından üzerini kapatın ve tamamen soğuyana kadar yaklaşık 1 saat buzdolabında bekletin.

5. Üreticinin talimatlarına göre bir dondurma makinesinde dondurun. Dondurmayı plastik bir kaba koyun, üzerini kapatın ve 24 saate kadar dondurun.

limonlu dondurma

Gelato al Limone

Yaklaşık 3 ila 4 porsiyon yapar

Bu basit ve lezzetli gelatoya yetecek kadar meyve suyu ve lezzet elde etmek için iki veya üç büyük limona ihtiyacınız olacak.

⅓ su bardağı taze sıkılmış limon suyu

1 yemek kaşığı taze rendelenmiş limon kabuğu rendesi

1 su bardağı şeker

1 pint yarım buçuk

1. Orta boy bir kapta limon suyunu, kabuğu rendesini ve şekeri birleştirin ve iyice karıştırın. 30 dakika bekletin.

2. Yarım buçuk ekleyin ve iyice karıştırın. Karışımı bir dondurma makinesinin kabına dökün ve dondurmak için üreticinin talimatlarına uyun.

3. Dondurmayı plastik bir kaba koyun, üzerini kapatın ve 24 saate kadar dondurun.

Ricotta Dondurma

Gelato di Ricotta

6 ila 8 porsiyon yapar

Ricotta dondurması, birkaç mükemmel Roma dondurmacısından biri olan Giolitti'de favori bir tattır. Yazın her gece, büyük kalabalıklar lezzetli dondurmalarıyla dolu külahları satın almak için toplanır.

Dondurma karışımına birkaç yemek kaşığı kıyılmış çikolata veya antep fıstığı eklenebilir. Bu zengin dondurmayı, isterseniz üzerine biraz portakal likörü veya rom gezdirerek küçük porsiyonlar halinde servis edin.

Hem şekerlenmiş portakal kabuğu hem de ağaç kavunu, İtalyan ve Orta Doğu özel mağazalarında veya posta siparişinden temin edilebilir.kaynaklar.

16 ons taze bütün veya kısmen yağsız ricotta

½ su bardağı şeker

2 yemek kaşığı tatlı veya kuru Marsala

1 çay kaşığı saf vanilya özü

½ su bardağı soğutulmuş ağır veya krem şanti

2 yemek kaşığı kıyılmış limon

2 yemek kaşığı doğranmış şekerlenmiş portakal kabuğu

1. Tatlıyı yapmaya hazır olmanızdan en az 20 dakika önce, buzdolabına büyük bir kase ve elektrikli mikserin çırpıcılarını yerleştirin. Ricotta'yı bir kasenin üzerine yerleştirilmiş ince gözenekli bir süzgecin içine yerleştirin. Lastik bir spatula ile ricotta'yı süzgeçten kaseye doğru itin. Şeker, Marsala ve vanilyayı çırpın.

2. Kaseyi ve çırpıcıları buzdolabından çıkarın. Kremayı kaseye dökün ve çırpıcılar kaldırıldığında yumuşak bir şekilde şeklini koruyana kadar yaklaşık 4 dakika yüksek devirde çırpın.

3. Esnek bir spatula ile ricotta karışımına kremayı, limonu ve kabuğu rendeleyin. Karışımı bir dondurma makinesinin kabına kazıyın ve üreticinin talimatlarına göre dondurun.

4. Dondurmayı plastik bir kaba koyun, üzerini kapatın ve 24 saate kadar dondurun.

Patates, Sarımsak ve Biberiye ile Kızarmış Kuzu Bacak

Agnello al Forno

6 porsiyon yapar

İtalyanlar bu kuzuyu pişmiş olarak servis ederdi, ama bence en iyi tadı orta pişmişken, yani anında okunan bir termometrede yaklaşık 130°F'dir. Kuzuyu kızarttıktan sonra dinlenmeye bırakın, böylece suları etin merkezine geri çekilebilir.

6 çok amaçlı patates, soyulmuş ve 1 inçlik parçalar halinde kesilmiş

3 yemek kaşığı zeytinyağı

Tuz ve taze çekilmiş karabiber

1 kemikli kuzu budu, kırpılmış (yaklaşık 5 1/2 pound)

6 diş sarımsak, ince kıyılmış

2 yemek kaşığı kıyılmış taze biberiye

1. Fırının ortasına bir raf yerleştirin. Fırını 350 ° F'ye ısıtın. Patatesleri, eti ve patatesleri toparlamadan tutacak kadar büyük bir kızartma tavasına yerleştirin. Tatmak için yağ ve tuz ve karabiberle karıştırın.

2.Küçük bir bıçakla kuzunun her yerine sığ yarıklar yapın. Sarımsak ve biberiyenin bir kısmını yarıklara sokun, birazını patatesler için ayırın. Eti bolca tuz ve karabiber serpin. Patatesleri bir kenara itin ve eti yağlı tarafı yukarı gelecek şekilde ekleyin.

3.Tavayı fırına koyun ve 30 dakika pişirin. Patatesleri çevirin. 30 ila 45 dakika daha uzun süre veya etin en kalın kısmına, kemikten uzağa yerleştirilmiş anında okunan bir termometre üzerinde iç sıcaklık 130°F'yi ölçene kadar kızartın. Tavayı fırından çıkarın ve kuzuyu bir kesme tahtasına aktarın. Eti folyo ile örtün. Dilimlemeden önce en az 15 dakika dinlendirin.

4.Patatesleri keskin bir bıçakla delinerek pişip pişmediğini test edin. Daha fazla pişirmeye ihtiyaçları varsa, fırını 400°F'ye getirin, tavayı tekrar fırına verin ve yumuşayana kadar pişirin.

5.Kuzu dilimleyin ve patates ile sıcak servis yapın.

Limon, Otlar ve Sarımsaklı Kuzu Budu

Agnello Steccato

6 porsiyon yapar

Fesleğen, nane, sarımsak ve limon bu kuzu rostosunu kokutur. Fırına girdikten sonra yapacak pek bir şey kalmıyor. Küçük bir akşam yemeği partisi veya Pazar akşam yemeği için mükemmel bir yemektir. İsterseniz kızartma tavasına biraz patates, havuç, şalgam veya diğer kök sebzeleri ekleyin.

1 adet kuzu budu, iyi kesilmiş (yaklaşık 3 pound)

2 diş sarımsak

2 yemek kaşığı kıyılmış taze fesleğen

1 yemek kaşığı kıyılmış taze nane

¼ su bardağı taze rendelenmiş Pecorino Romano veya Parmigiano-Reggiano

1 çay kaşığı rendelenmiş limon kabuğu

½ çay kaşığı kurutulmuş kekik

Tuz ve taze çekilmiş karabiber

2 yemek kaşığı zeytinyağı

1. Fırının ortasına bir raf yerleştirin. Fırını 425 ° F'ye ısıtın.

2. Sarımsak, fesleğen ve naneyi çok ince doğrayın. Küçük bir kapta, karışımı peynir, limon kabuğu rendesi ve kekik ile birlikte karıştırın. Tatmak için 1 çay kaşığı tuz ve taze çekilmiş karabiber ilave edin. Küçük bir bıçakla etin her tarafında yaklaşık 3/4 inç derinliğinde yarıklar açın. Her yarığa bitki karışımından biraz doldurun. Yağı etin her yerine sürün. 15 dakika kızartın.

3. Isıyı 350 ° F'ye düşürün. 1 saat daha veya et orta-az pişmiş hale gelene ve en kalın kısma yerleştirilmiş ancak kemiğe değmeyen anında okunan bir termometre üzerinde iç sıcaklık 130 ° F'ye ulaşana kadar kızartın.

4. Kuzu fırından çıkarın ve bir kesme tahtasına aktarın. Kuzuyu folyo ile örtün ve oymadan önce 15 dakika dinlendirin. Sıcak servis yapın.

Kızarmış Kuzu – Kabak Dolması

kabak olgunluğu

6 porsiyon yapar

Bir kuzu budu bir kalabalığı doyurur, ama küçük bir akşam yemeği partisinden sonra genellikle yemek artıkları yerim. İşte o zaman bu lezzetli kabak dolmasını yapıyorum. Diğer pişmiş et türleri ve hatta kümes hayvanları ikame edilebilir.

2 ila 3 (1/2 inç kalınlığında) dilim İtalyan ekmeği

1/4 su bardağı süt

1 pound pişmiş kuzu

2 büyük yumurta

2 yemek kaşığı kıyılmış taze düz yapraklı maydanoz

2 diş sarımsak, ince kıyılmış

1/2 su bardağı taze rendelenmiş Pecorino Romano veya Parmigiano-Reggiano

Tuz ve taze çekilmiş karabiber

6 orta boy kabak, temizlenmiş ve kesilmiş

2 su bardağı domates sosu, marinara sosu

1. Fırının ortasına bir raf yerleştirin. Fırını 425 ° F'ye ısıtın. 13 × 9 × 2 inçlik bir fırın tepsisini yağlayın.

2. Ekmek kabuğunu çıkarın ve ekmeği parçalara ayırın. (Yaklaşık 1 su bardağı almalısınız.) Parçaları orta boy bir kaseye koyun, üzerine sütü dökün ve ıslanmasına izin verin.

3. Bir mutfak robotunda eti çok ince doğrayın. Büyük bir kaseye aktarın. Yumurta, maydanoz, sarımsak, ıslatılmış ekmek, 1/4 su bardağı peynir ve tuz ve karabiberi ekleyin. İyice karıştırın.

4. Kabağı uzunlamasına ortadan ikiye kesin. Tohumları çıkarın. Kabakları et karışımıyla doldurun. Tavaya kabakları yan yana dizin. Sosu üzerine dökün ve kalan peyniri serpin.

5. 35 ila 40 dakika veya doldurma tamamen pişene ve kabaklar yumuşayana kadar pişirin. Sıcak veya oda sıcaklığında servis yapın.

Beyaz Şarap ve Otlar ile Tavşan

Coniglio al Vino Bianco

4 porsiyon yapar

Bu, siyah veya yeşil zeytin veya diğer otlar eklenerek değiştirilebilen Liguria'dan temel bir tavşan tarifi. Bu bölgedeki aşçılar, tavşanı çam fıstığı, mantar veya enginar dahil olmak üzere birçok farklı şekilde hazırlar.

1 tavşan (2½ ila 3 pound), 8 parçaya bölünmüş

Tuz ve taze çekilmiş karabiber

3 yemek kaşığı zeytinyağı

1 küçük soğan, ince kıyılmış

½ su bardağı ince kıyılmış havuç

½ su bardağı ince kıyılmış kereviz

1 yemek kaşığı kıyılmış taze biberiye yaprağı

1 çay kaşığı kıyılmış taze kekik

1 defne yaprağı

½ su bardağı sek beyaz şarap

1 su bardağı tavuk suyu

1. Tavşan parçalarını durulayın ve kağıt havlularla kurulayın. Tuz ve karabiber serpin.

2. Büyük bir tavada, yağı orta ateşte ısıtın. Tavşanı ekleyin ve her tarafını hafifçe kahverengileştirin, yaklaşık 15 dakika.

3. Soğan, havuç, kereviz ve otları tavşan parçalarının etrafına dağıtın ve soğan yumuşayana kadar yaklaşık 5 dakika pişirin.

4. Şarabı ekleyin ve kaynatın. Sıvının çoğu buharlaşana kadar yaklaşık 2 dakika pişirin. Et suyunu ekleyin ve kaynamaya getirin. Isıyı düşük seviyeye indirin. Tavayı kapatın ve tavşanı ara sıra maşayla çevirerek, çatalla delinene kadar yaklaşık 30 dakika pişirin.

5. Tavşanı servis tabağına alın. Örtün ve sıcak tutun. Isıyı artırın ve tava içeriğini azaltıp şurup haline gelene kadar yaklaşık 2 dakika kaynatın. Defne yaprağını atın.

6. Tencerenin içindekileri tavşanın üzerine dökün ve hemen servis yapın.

zeytinli tavşan

Coniglio alla Stimperata

4 porsiyon yapar

Kırmızı biber, yeşil zeytin ve kapari bu Sicilya usulü tavşan yemeğini tatlandırıyor. Alla stimperata terimi, anlamı açık olmasa da, bir dizi Sicilya tarifine verilir. "Çözmek, seyreltmek veya karıştırmak" anlamına gelen ve tavşan pişirirken tencereye su eklenmesine atıfta bulunan stemperare'den kaynaklanabilir.

1 tavşan (2½ ila 3 pound), 8 parçaya bölünmüş

¼ su bardağı zeytinyağı

3 diş sarımsak, kıyılmış

1 su bardağı çekirdeksiz yeşil zeytin, durulanmış ve süzülmüş

2 adet kırmızı dolmalık biber, ince şeritler halinde kesilmiş

1 yemek kaşığı kapari, durulanmış

bir tutam kekik

Tuz ve taze çekilmiş karabiber

2 yemek kaşığı beyaz şarap sirkesi

½ su bardağı su

1. Tavşan parçalarını durulayın ve kağıt havlularla kurulayın.

2. Büyük bir tavada, yağı orta ateşte ısıtın. Tavşanı ekleyin ve parçaları yaklaşık 15 dakika her taraftan iyice kızartın. Tavşan parçalarını bir tabağa aktarın.

3. Tavaya sarımsak ekleyin ve 1 dakika pişirin. Zeytin, biber, kapari ve kekik ekleyin. 2 dakika karıştırarak pişirin.

4. Tavşanı tavaya geri koyun. Tatmak için tuz ve karabiber ekleyin. Sirke ve suyu ekleyip kaynamaya bırakın. Isıyı düşük seviyeye indirin. Örtün ve tavşanı ara sıra çevirerek, tavşan bir çatalla delindiğinde yumuşayana kadar yaklaşık 30 dakika pişirin. Sıvı buharlaşırsa biraz su ekleyin. Servis tabağına alıp sıcak servis yapın.

Tavşan, Porchetta Usulü

Porchetta'daki Coniglio

4 porsiyon yapar

Domuz rostosu yapmak için kullanılan çeşnilerin kombinasyonu o kadar lezzetlidir ki, aşçılar onu pişirmeye daha uygun diğer etlere uyarlamıştır. Marches bölgesinde yabani rezene kullanılır, ancak kurutulmuş rezene tohumu ikame edilebilir.

1 tavşan (2½ ila 3 pound), 8 parçaya bölünmüş

Tuz ve taze çekilmiş karabiber

2 yemek kaşığı zeytinyağı

2 ons pancetta

3 diş sarımsak, ince kıyılmış

2 yemek kaşığı kıyılmış taze biberiye

1 yemek kaşığı rezene tohumu

2 veya 3 adaçayı yaprağı

1 defne yaprağı

1 su bardağı kuru beyaz şarap

½ su bardağı su

1. Tavşan parçalarını durulayın ve kağıt havlularla kurulayın. Tuz ve karabiber serpin.

2. Tavşan parçalarını tek bir tabaka halinde tutacak kadar büyük bir tavada yağı orta ateşte ısıtın. Parçaları tavaya yerleştirin. Pancetta'yı her yere dağıtın. Tavşan bir tarafı kızarana kadar yaklaşık 8 dakika pişirin.

3. Tavşanı çevirin ve sarımsak, biberiye, rezene, adaçayı ve defne yaprağını her tarafına serpin. Tavşanın ikinci tarafı kızardığında, yaklaşık 7 dakika sonra şarabı ekleyin ve tavanın altını kazıyarak karıştırın. Şarabı 1 dakika pişirin.

4. Tavşan çok yumuşayana ve kemikten ayrılana kadar eti ara sıra çevirerek üstü açık pişirin, yaklaşık 30 dakika. (Tava çok kurursa biraz su ekleyin.)

5. Defne yaprağını atın. Tavşanı servis tabağına alın ve tavadaki meyve suları ile sıcak servis yapın.

domatesli tavşan

Coniglio alla Ciociara

4 porsiyon yapar

Roma'nın dışında, lezzetli yemekleri ile tanınan Ciociara bölgesinde tavşan, domates sosu ve beyaz şarapta kızartılır.

1 tavşan (2½ ila 3 pound), 8 parçaya bölünmüş

2 yemek kaşığı zeytinyağı

2 ons pancetta, kalın dilimlenmiş ve doğranmış

2 yemek kaşığı kıyılmış taze düz yapraklı maydanoz

1 diş sarımsak, hafifçe ezilmiş

Tuz ve taze çekilmiş karabiber

1 su bardağı kuru beyaz şarap

2 su bardağı soyulmuş, çekirdekleri çıkarılmış ve doğranmış erik domates

1. Tavşan parçalarını durulayın, ardından kağıt havlularla kurulayın. Yağı büyük bir tavada orta ateşte ısıtın. Tavşanı tavaya koyun, ardından pancetta, maydanoz ve sarımsağı

ekleyin. Tavşanın her tarafı güzelce kızarana kadar yaklaşık 15 dakika pişirin. Tuz ve karabiber serpin.

2. Sarımsağı tavadan çıkarın ve atın. Şarabı ilave edin ve 1 dakika pişirin.

3. Isıyı düşük seviyeye indirin. Domatesleri ilave edin, ardından tavşan yumuşayıncaya ve kemikten ayrılana kadar yaklaşık 30 dakika pişirin.

4. Tavşanı servis tabağına alın ve sosla birlikte sıcak servis yapın.

Tatlı ve Ekşi Kızarmış Tavşan

Agrodolce'deki Coniglio

4 porsiyon yapar

Sicilyalılar, adada en az iki yüz yıl süren Arap egemenliğinin mirası olan tatlı düşkünlükleriyle tanınırlar. Kuru üzüm, şeker ve sirke bu tavşana hafif tatlı ve ekşi bir tat verir.

1 tavşan (2½ ila 3 pound), 8 parçaya bölünmüş

2 yemek kaşığı zeytinyağı

2 ons kalın dilimlenmiş pancetta, doğranmış

1 orta boy soğan, ince kıyılmış

Tuz ve taze çekilmiş karabiber

1 su bardağı kuru beyaz şarap

2 bütün karanfil

1 defne yaprağı

1 su bardağı et veya tavuk suyu

1 yemek kaşığı şeker

¼ bardak beyaz şarap sirkesi

2 yemek kaşığı kuru üzüm

2 yemek kaşığı çam fıstığı

2 yemek kaşığı kıyılmış taze düz yapraklı maydanoz

1. Tavşan parçalarını durulayın, ardından kağıt havlularla kurulayın. Büyük bir tavada yağı ve pancettayı orta ateşte 5 dakika ısıtın. Tavşanı ekleyin ve bir tarafı kızarana kadar yaklaşık 8 dakika pişirin. Tavşan parçalarını maşa ile çevirin ve soğanı etrafa dağıtın. Tuz ve karabiber serpin.

2. Şarap, karanfil ve defne yaprağını ekleyin. Sıvıyı kaynatın ve şarabın çoğu buharlaşana kadar yaklaşık 2 dakika pişirin. Et suyunu ekleyin ve tencerenin kapağını kapatın. Isıyı düşürün ve tavşan yumuşayana kadar 30 ila 45 dakika pişirin.

3. Tavşan parçalarını bir tabağa aktarın. (Çok fazla sıvı kalırsa, yüksek ateşte suyunu çekene kadar kaynatın.) Şeker, sirke, kuru üzüm ve çam fıstığını karıştırın. Şeker eriyene kadar yaklaşık 1 dakika karıştırın.

4. Tavşanı tavaya geri koyun ve parçaları sosun içinde iyice kaplanmış gibi görünene kadar yaklaşık 5 dakika çevirerek pişirin. Maydanozu karıştırın ve tava suları ile sıcak servis yapın.

Patatesli Kızarmış Tavşan

Coniglio Arrosto

4 porsiyon yapar

Arkadaşım Dora Marzovilla'nın evinde, bir Pazar akşam yemeği veya özel gün yemeği genellikle enginar göbeği veya kuşkonmaz gibi yumuşak, çıtır çıtır kızarmış sebzelerle başlar, ardından buharı tüten kâselerde ev yapımı orecchiette veya cavatelli, minik şekerlemelerden yapılmış lezzetli bir bezle fırlatılır. köfteler. Puglia'daki Rutigliano'dan gelen Dora harika bir aşçıdır ve ana yemek olarak sunduğu bu tavşan yemeği onun spesiyalitelerinden biridir.

1 tavşan (2½ ila 3 pound), 8 parçaya bölünmüş

¼ su bardağı zeytinyağı

1 orta boy soğan, ince kıyılmış

2 yemek kaşığı kıyılmış taze düz yapraklı maydanoz

½ su bardağı şarapla kuru

Tuz ve taze çekilmiş karabiber

4 orta boy çok amaçlı patates, soyulmuş ve 1 inçlik dilimler halinde kesilmiş

½ su bardağı su

½ çay kaşığı kekik

1. Tavşan parçalarını durulayın ve kağıt havlularla kurulayın. Büyük bir tavada, iki yemek kaşığı yağı orta ateşte ısıtın. Tavşanı, soğanı ve maydanozu ekleyin. Parçaları ara sıra çevirerek hafifçe kızarana kadar yaklaşık 15 dakika pişirin. Şarabı ekleyin ve 5 dakika daha pişirin. Tuz ve karabiber serpin.

2. Fırının ortasına bir raf yerleştirin. Fırını 425 ° F'ye ısıtın. Tüm malzemeleri tek bir katmanda tutacak kadar büyük bir kızartma tavasını yağlayın.

3. Patatesleri tavaya dağıtın ve kalan 2 yemek kaşığı yağ ile atın. Tavşan parçalarını patateslerin etrafına sıkıştırarak tava içeriğini tavaya ekleyin. Suyu ekleyin. Kekik ve tuz ve karabiber serpin. Tavayı alüminyum folyo ile kaplayın. 30 dakika kızartın. Örtün ve 20 dakika daha veya patatesler yumuşayana kadar pişirin.

4. Servis tabağına aktarın. Sıcak servis yapın.

marine edilmiş enginar

Carciofi Marinatı

6 ila 8 porsiyon yapar

Bu enginarlar salatalarda, söğüş etlerde veya meze çeşitlerinin bir parçası olarak mükemmeldir. Enginarlar buzdolabında en az iki hafta dayanır.

Bebek enginar yoksa, sekiz parçaya bölünmüş orta boy enginarı değiştirin.

1 su bardağı beyaz şarap sirkesi

2 su bardağı su

1 defne yaprağı

1 diş bütün sarımsak

8 ila 12 bebek enginar, ayıklanmış ve dörde bölünmüş (bkz.Bütün enginarı hazırlamak için)

Bir tutam ezilmiş kırmızı biber

Tuz

Sızma zeytinyağı

1. Büyük bir tencerede sirke, su, defne yaprağı ve sarımsağı birleştirin. Sıvıyı kaynama noktasına getirin.

2. Enginarı, ezilmiş kırmızı biberi ve tuzu ekleyin. Bıçakla delinene kadar yumuşayana kadar 7 ila 10 dakika pişirin. Ateşten alın. Tencerenin içeriğini ince gözenekli bir süzgeçten geçirerek bir kaseye dökün. Sıvıyı ayırın.

3. Enginarları sterilize edilmiş cam kavanozlara koyun. Üzerini kapatacak şekilde pişirme sıvısını dökün. Tamamen soğumaya bırakın. En az 24 saat veya 2 haftaya kadar örtün ve soğutun.

4. Servis yapmak için enginarları süzün ve yağ ile atın.

Roma Usulü Enginar

Carciofi alla Romana

8 porsiyon yapar

Roma'nın dört bir yanındaki küçük çiftlikler, ilkbahar ve sonbahar enginar mevsimlerinde bol miktarda taze enginar üretir. Küçük kamyonlar onları, kamyonun hemen arkasında satıldığı sokak pazarlarına getiriyor. Enginarların uzun sapları vardır ve yaprakları hâlâ yapışıktır, çünkü sapları soyulduktan sonra yemek için iyidir. Romalılar enginarı sap tarafı yukarı gelecek şekilde pişirirler. Servis tabağına dizildiğinde çok çekici görünüyorlar.

2 büyük diş sarımsak, ince kıyılmış

2 yemek kaşığı kıyılmış taze düz yapraklı maydanoz

1 yemek kaşığı kıyılmış taze nane veya 1/2 çay kaşığı kuru mercanköşk

Tuz ve taze çekilmiş karabiber

1/4 su bardağı zeytinyağı

İçi için hazırlanmış 8 adet orta boy enginar (bkz. Bütün enginarı hazırlamak için)

1/2 su bardağı sek beyaz şarap

1. Küçük bir kapta sarımsak, maydanoz ve nane veya mercanköşk karıştırın. Tatmak için tuz ve karabiber ekleyin. 1 yemek kaşığı sıvı yağ ile karıştırın.

2. Enginarların yapraklarını yavaşça yayın ve sarımsaklı karışımın bir kısmını ortasına doğru itin. Enginarları iç harcın içinde kalacak şekilde hafifçe sıkarak, dik duracak büyüklükte bir tencereye sap kısımları yukarı gelecek şekilde yerleştirin. Şarabı enginarların etrafına dökün. 3/4 inç derinliğe kadar su ekleyin. Enginarları kalan yağ ile gezdirin.

3. Tavayı kapatın ve sıvıyı orta ateşte kaynatın. 45 dakika veya enginarlar bıçakla delindiğinde yumuşayana kadar pişirin. Sıcak veya oda sıcaklığında servis yapın.

Kızarmış Enginar

Carciofi Stufati

8 porsiyon yapar

Enginar deve dikeni familyasının bir üyesidir ve kısa boylu bitkilerde yetişir. Güney İtalya'da birçok yerde yabani olarak bulunurlar ve birçok insan onları evlerinin bahçelerinde yetiştirir. Enginar aslında açılmamış bir çiçektir. Çalılığın tepesinde çok büyük enginarlar büyürken, küçük olanlar tabana yakın yerlerde filizlenir. Genellikle bebek enginar olarak adlandırılan küçük enginarlar, buğulama için harikadır. Daha büyük bir enginar gibi onları pişirmeye hazırlayın. Tereyağlı tatlı lezzetleri ve dokuları özellikle balıklarla iyidir.

1 küçük soğan, ince kıyılmış

¼ su bardağı zeytinyağı

1 diş sarımsak, ince kıyılmış

2 yemek kaşığı kıyılmış taze düz yapraklı maydanoz

2 kilo bebeğimenginar, kırpılmış ve dörde bölünmüş

½ su bardağı su

Tuz ve taze çekilmiş karabiber

1. Büyük bir tencerede, soğanı yağda orta ateşte yumuşayana kadar yaklaşık 10 dakika pişirin. Sarımsak ve maydanozu karıştırın.

2. Enginarları tavaya koyun ve iyice karıştırın. Tatmak için su ve tuz ve karabiber ekleyin. Örtün ve enginarlar bıçakla delindiğinde yumuşayana kadar yaklaşık 15 dakika kısık ateşte pişirin. Ilık veya oda sıcaklığında servis yapın.

Varyasyon: Adım 2'de, soğanla birlikte soyulmuş ve 1 inçlik küpler halinde kesilmiş 3 orta boy patates ekleyin.

Enginar, Yahudi Usulü

Carciofi alla Giudia

4 porsiyon yapar

Yahudiler ilk olarak MÖ 1. yüzyılda Roma'ya geldiler. Tiber Nehri yakınlarına yerleştiler ve 1556'da Papa IV. Paul tarafından duvarlarla çevrili bir gettoya kapatıldılar. Birçoğu fakirdi ve tuzlu morina balığı, kabak ve enginar gibi mevcut olan basit, ucuz yiyeceklerle yetindiler. 1800'lerin ortalarında getto duvarları yıkıldığında, Roma Yahudileri daha sonra diğer Romalılar arasında moda haline gelen kendi yemek pişirme tarzlarını geliştirdiler. Bugün kızartılmış kabak çiçeği dolması gibi Yahudi yemekleri, İrmik Gnocchive bu enginarlar Roma klasiği olarak kabul edilir.

Roma'nın Yahudi Mahallesi hala var ve bu tarz yemeklerin tadına bakabileceğiniz birkaç iyi restoran var. En sevilen iki trattoria olan Piperno ve Da Giggetto'da bu kızarmış enginarlar bol tuzla sıcak olarak servis edilir. Yapraklar patates cipsi kadar gevrek. Enginarlar pişerken sıçrar, o yüzden ocaktan uzak durun ve ellerinizi koruyun.

4 ortaenginar, dolmalık olarak hazırlanır

Zeytin yağı

Tuz

1. Enginarları kurulayın. Enginarı düz bir yüzeye alt kısmı yukarı gelecek şekilde yerleştirin. Elinizle enginarın üzerine bastırarak düzleştirin ve yapraklarını açarak açın. Kalan enginarlarla tekrarlayın. Yaprak uçları yukarı bakacak şekilde çevirin.

2. Büyük, derin bir tavada veya geniş, ağır bir tencerede, zeytinyağının yaklaşık 2 inçini orta ateşte ısıtın, enginar yaprağı yağın içine kayarak hızla cızırdayıp kızarana kadar. Elinizi bir fırın eldiveni ile koruyun, çünkü enginarlar nemliyse yağ tükürebilir ve sıçrayabilir. Enginarları yaprak uçları aşağı gelecek şekilde ekleyin. Enginarları oluklu bir kaşıkla yağın içine bastırarak bir tarafı kızarana kadar yaklaşık 10 dakika pişirin. Enginarları maşayla dikkatlice çevirin ve yaklaşık 10 dakika daha kızarana kadar pişirin.

3. Kağıt havluların üzerine boşaltın. Tuz serpin ve hemen servis yapın.

Roma Baharı Sebze Yahnisi

La Vignorola

4 ila 6 porsiyon yapar

İtalyanlar mevsimlerle çok uyumludur ve ilk bahar enginarlarının gelişi, kışın bittiğini ve sıcak havaların yakında geri döneceğini gösterir. Kutlamak için, Romalılar ana yemek olarak enginar içeren bu taze bahar sebze güvecinden kaseler yerler.

4 ons dilimlenmiş pancetta, doğranmış

¼ su bardağı zeytinyağı

1 orta boy soğan, doğranmış

4 ortaenginar, kırpılmış ve dörde bölünmüş

1 pound taze bakla, kabuklu veya yerine geçen 1 su bardağı dondurulmuş bakla veya lima fasulyesi

1/2 bardak Tavuk suyu

Tuz ve taze çekilmiş karabiber

1 pound taze bezelye, kabuklu (yaklaşık 1 su bardağı)

2 yemek kaşığı kıyılmış taze düz yapraklı maydanoz

1. Büyük bir tavada, pancetta'yı orta ateşte yağda pişirin. Pancetta 5 dakika kahverengileşmeye başlayana kadar sık sık karıştırın. Soğanı ekleyin ve kızarana kadar yaklaşık 10 dakika daha pişirin.

2. Enginar, bakla, et suyu ve tuz ve karabiberi tatmak için ekleyin. Isıyı düşürün. Örtün ve 10 dakika veya enginarlar bıçakla delindiğinde neredeyse yumuşayana kadar pişirin. Bezelye ve maydanozu ekleyip 5 dakika daha pişirin. Sıcak veya oda sıcaklığında servis yapın.

Çıtır Enginar Kalbi

Carciofini Fritti

6 ila 8 porsiyon yapar

Amerika Birleşik Devletleri'nde enginar, öncelikle yirminci yüzyılın başlarında İtalyan göçmenler tarafından ekildiği Kaliforniya'da yetiştirilmektedir. Çeşitler İtalya'dakilerden farklıdır ve toplandıklarında genellikle çok olgunlaşırlar, bu nedenle bazen sert ve odunsu olurlar. Dondurulmuş enginar kalpleri çok iyi olabilir ve çok zaman kazandırabilir. Bazen bu tarif için onları kullanıyorum. Kızarmış enginar kalbi, kuzu pirzola veya meze olarak lezzetlidir.

12 bebekenginar, kırpılmış ve dörde bölünmüş veya 2 (10 ons) paket donmuş enginar kalbi, paketteki talimatlara göre az pişmiş

3 büyük yumurta, dövülmüş

Tuz

2 su bardağı sade kuru ekmek kırıntısı

kızartmalık yağ

limon dilimleri

1. Taze veya pişmiş enginarları kurulayın. Orta sığ bir kapta, tadına bakmak için yumurtaları tuzla çırpın. Ekmek kırıntılarını bir yağlı kağıt üzerine yayın.

2. Bir fırın tepsisine bir tel soğutma rafı yerleştirin. Enginarları yumurtalı karışıma batırın ve sonra kırıntılara bulayın. Enginarları pişirmeden en az 15 dakika önce kuruması için rafa koyun.

3. Bir tepsiyi kağıt havlularla hizalayın. Büyük bir ağır tavada 1 inç derinliğe kadar yağı dökün. Yumurta karışımından bir damla cızırdayana kadar yağı ısıtın. Tavaya topaklanma olmadan rahatça sığacak kadar enginar ekleyin. Parçaları maşayla çevirerek altın rengi kahverengi olana kadar yaklaşık 4 dakika pişirin. Kağıt havluların üzerine boşaltın ve kalan enginarları gerekirse gruplar halinde kızartırken sıcak tutun.

4. Tuz serpin ve limon dilimleri ile sıcak servis yapın.

enginar dolması

Carciofi Ripieni

8 porsiyon yapar

Annem enginarları her zaman böyle yapardı; bu, güney İtalya'nın her yerinde klasik bir hazırlıktır. Sadece enginarları çeşnilendirmeye ve lezzetlerini artırmaya yetecek kadar iç malzeme var. Fazla doldurma ıslanır ve enginarları ağırlaştırır, bu nedenle galeta ununu artırmayın ve tabii ki kaliteli ekmek kırıntılarını kullanın. Enginar önceden hazırlanıp oda sıcaklığında servis edilebilir veya sıcak ve taze yapılmış olarak yenebilir.

8 ortaenginar, doldurma için hazırlanmış

¾ su bardağı sade kuru ekmek kırıntısı

¼ su bardağı kıyılmış taze düz yapraklı maydanoz

¼ su bardağı taze rendelenmiş Pecorino Romano veya Parmigiano-Reggiano

1 diş sarımsak, çok ince kıyılmış

Tuz ve taze çekilmiş karabiber

Zeytin yağı

1. Enginar saplarını büyük bir şef bıçağıyla ince ince doğrayın. Sapları büyük bir kapta galeta unu, maydanoz, peynir, sarımsak ve tadına bakmak için tuz ve karabiberle karıştırın. Biraz yağ ekleyin ve kırıntıları eşit şekilde nemlendirmek için fırlatın. Tatlandırın ve baharatı ayarlayın.

2. Yaprakları yavaşça ayırın. Enginarların ortasını galeta unu karışımıyla hafifçe doldurun, yaprakların arasına da biraz doldurun. Doldurmayı paketlemeyin.

3. Enginarları dik duracak kadar geniş bir tencereye alın. Enginarların etrafına 3/4 inç derinliğe kadar su ekleyin. Enginarları 3 yemek kaşığı zeytinyağı ile gezdirin.

4. Tencereyi örtün ve orta ateşte koyun. Su kaynama noktasına geldiğinde, ısıyı düşük seviyeye indirin. Yaklaşık 40 ila 50 dakika (enginarların boyutuna bağlı olarak) veya bıçakla delindiğinde enginar dipleri yumuşayana ve kolayca bir yaprak çıkana kadar pişirin. Kavurmayı önlemek için gerekirse ilave ılık su ekleyin. Ilık veya oda sıcaklığında servis yapın.

Sicilya Usulü Enginar Dolması

Carciofi alla Siciliana

4 porsiyon yapar

Sicilya'nın sıcak ve kuru iklimi, enginar yetiştirmek için mükemmeldir. Pürüzlü, gümüşi yaprakları olan bitkiler oldukça güzeldir ve birçok kişi bunları ev bahçelerinde dekoratif çalılar olarak kullanır. Sezon sonunda bitkide bırakılan enginarlar sonuna kadar açılır ve orta kısımdaki mor ve fırçamsı tam olgunlaşmış boğazı açığa çıkarır.

Bu, enginarı doldurmanın Sicilya usulüdür ve enginardan daha karmaşıktır.enginar dolmasıyemek tarifi. Kızarmış balık veya kuzu budundan önce ilk yemek olarak servis yapın.

4 ortaenginar, doldurma için hazırlanmış

½ su bardağı sade ekmek kırıntısı

4 hamsi filetosu, ince kıyılmış

2 yemek kaşığı kıyılmış süzülmüş kapari

2 yemek kaşığı çam fıstığı, kavrulmuş

2 yemek kaşığı altın kuru üzüm

2 yemek kaşığı kıyılmış taze düz yapraklı maydanoz

1 büyük diş sarımsak, ince kıyılmış

Tuz ve taze çekilmiş karabiber

4 yemek kaşığı zeytinyağı

½ su bardağı sek beyaz şarap

su

1. Orta boy bir kapta galeta unu, hamsi, kapari, çam fıstığı, kuru üzüm, maydanoz, sarımsak ve tuz ve karabiberi tatlandırın. İki yemek kaşığı sıvı yağ ile karıştırın.

2. Yaprakları yavaşça ayırın. Enginarları galeta unu karışımıyla gevşek bir şekilde doldurun, yaprakların arasına da biraz doldurun. Doldurmayı paketlemeyin.

3. Enginarları dik duracak kadar büyük bir tencereye alın. Enginarların etrafına 3/4 inç derinliğe kadar su ekleyin. Kalan 2 yemek kaşığı yağ ile gezdirin. Şarabı enginarların etrafına dökün.

4. Tencereyi örtün ve orta ateşte koyun. Su kaynama noktasına geldiğinde, ısıyı düşük seviyeye indirin. 40 ila 50 dakika

(enginarların boyutuna bağlı olarak) veya bıçakla delindiğinde enginar dipleri yumuşayana ve bir yaprak kolayca çıkana kadar pişirin. Kavurmayı önlemek için gerekirse ilave ılık su ekleyin. Ilık veya oda sıcaklığında servis yapın.

Kuşkonmaz "Tavada"

Padella'da kuşkonmaz

4 ila 6 porsiyon yapar

Bu kuşkonmazlar hızla kızartılır. İsterseniz kıyılmış sarımsak veya taze otlar ekleyin.

3 yemek kaşığı zeytinyağı

1 pound kuşkonmaz

Tuz ve taze çekilmiş karabiber

2 yemek kaşığı kıyılmış taze düz yapraklı maydanoz

1. Kuşkonmazın tabanını, sapın beyazdan yeşile döndüğü noktada kesin. Kuşkonmazı 2 inç uzunluğunda kesin.

2. Büyük bir tavada, yağı orta ateşte ısıtın. Kuşkonmaz ve tat vermek için tuz ve karabiber ekleyin. Sık sık karıştırarak veya kuşkonmaz hafifçe kızarana kadar 5 dakika pişirin.

3. Tavayı kapatın ve 2 dakika daha veya kuşkonmaz yumuşayana kadar pişirin. Maydanozu karıştırın ve hemen servis yapın.

Yağ ve Sirke ile Kuşkonmaz

Insalata di Asparagi

4 ila 6 porsiyon yapar

İlkbaharda yerel olarak yetiştirilen ilk mızraklar ortaya çıkar çıkmaz, onları bu şekilde hazırlarım ve uzun kış boyunca gelişen açlığı gidermek için büyük bir parti yerim. Kuşkonmazları henüz sıcakken sosun içinde çevirin ki aromasını çeksin.

1 pound kuşkonmaz

Tuz

¼ su bardağı sızma zeytinyağı

1 ila 2 yemek kaşığı kırmızı şarap sirkesi

Taze çekilmiş karabiber

1. Kuşkonmazın tabanını, sapın beyazdan yeşile döndüğü noktada kesin. Büyük bir tavada kaynatmak için yaklaşık 2 inç su getirin. Kuşkonmaz ve tuzu tatmak için ekleyin. Kuşkonmazları sap ucundan kaldırdığınızda hafifçe bükülene kadar 4 ila 8 dakika pişirin. Pişirme süresi kuşkonmazın kalınlığına bağlı olacaktır.

Kuşkonmazı maşa ile çıkarın. Kağıt havluların üzerine boşaltın ve kurulayın.

2. Büyük, sığ bir tabakta yağ, sirke, bir tutam tuz ve bol miktarda karabiberi birleştirin. Karışana kadar çatalla çırpın. Kuşkonmaz ekleyin ve kaplanana kadar hafifçe çevirin. Ilık veya oda sıcaklığında servis yapın.

Limon Tereyağlı Kuşkonmaz

Kuşkonmaz al Burro

4 ila 6 porsiyon yapar

Bu temel yöntemle pişirilen kuşkonmaz, yumurtadan balığa ve ete kadar hemen hemen her şeyin yanına gider. Tereyağına bir varyasyon olarak doğranmış taze frenk soğanı, maydanoz veya fesleğen ekleyin.

1 pound kuşkonmaz

Tuz

2 yemek kaşığı tuzsuz tereyağı, eritilmiş

1 yemek kaşığı taze limon suyu

Taze çekilmiş karabiber

1. Kuşkonmazın tabanını, sapın beyazdan yeşile döndüğü noktada kesin. Büyük bir tavada kaynatmak için yaklaşık 2 inç su getirin. Kuşkonmaz ve tuzu tatmak için ekleyin. Kuşkonmazları sap ucundan kaldırdığınızda hafifçe bükülene kadar 4 ila 8 dakika pişirin. Pişirme süresi kuşkonmazın kalınlığına bağlı olacaktır.

Kuşkonmazı maşa ile çıkarın. Kağıt havluların üzerine boşaltın ve kurulayın.

2. Tavayı silin. Tereyağını ekleyin ve orta ateşte yaklaşık 1 dakika eriyene kadar pişirin. Limon suyunu karıştırın. Kuşkonmazı tavaya geri koyun. Üzerlerine biber serpin ve sosla kaplamak için hafifçe çevirin. Hemen servis yapın.

Çeşitli Soslarla Kuşkonmaz

4 ila 6 porsiyon yapar

Sade haşlanmış kuşkonmaz, oda sıcaklığında farklı soslarla servis edilir. Bir akşam yemeği partisi için harikalar çünkü önceden yapılabilirler. Kalın ya da ince olmaları önemli değil, ancak hemen hemen aynı boyutta olan kuşkonmazları almaya çalışın, böylece eşit şekilde pişerler.

Zeytinyağlı Mayonez, Portakallı Mayonez, veya yeşil sos

1 pound kuşkonmaz

Tuz

1. Gerekirse sosu veya sosları hazırlayın. Ardından, kuşkonmazın tabanını, sapın beyazdan yeşile döndüğü noktada kesin.

2. Büyük bir tavada kaynatmak için yaklaşık 2 inç su getirin. Kuşkonmaz ve tuzu tatmak için ekleyin. Kuşkonmazları sap ucundan kaldırdığınızda hafifçe bükülene kadar 4 ila 8 dakika pişirin. Pişirme süresi kuşkonmazın kalınlığına bağlı olacaktır.

3. Kuşkonmazı maşa ile çıkarın. Kağıt havluların üzerine boşaltın ve kurulayın. Kuşkonmazı oda sıcaklığında bir veya daha fazla sosla birlikte servis edin.

Kapari-Yumurta Soslu Kuşkonmaz

Asparagi con Caperi ve Uove

4 ila 6 porsiyon yapar

Trentino-Alto Adige ve Veneto'da kalın beyaz kuşkonmaz bir bahar ayinidir. Kızartılıp kaynatılır, risottolara, çorbalara ve salatalara eklenir. Yumurta sosu, limon suyu, maydanoz ve kapari gibi tipik bir çeşnidir.

1 pound kuşkonmaz

Tuz

¼ su bardağı zeytinyağı

1 çay kaşığı taze limon suyu

Taze kara biber

1 sert pişmiş yumurta, doğranmış

2 yemek kaşığı kıyılmış taze düz yapraklı maydanoz

1 yemek kaşığı kapari, durulanmış ve süzülmüş

1. Kuşkonmazın tabanını, sapın beyazdan yeşile döndüğü noktada kesin. Büyük bir tavada kaynatmak için yaklaşık 2 inç su getirin. Kuşkonmaz ve tuzu tatmak için ekleyin. Kuşkonmazları sap ucundan kaldırdığınızda hafifçe bükülene kadar 4 ila 8 dakika pişirin. Pişirme süresi kuşkonmazın kalınlığına bağlı olacaktır. Kuşkonmazı maşa ile çıkarın. Kağıt havluların üzerine boşaltın ve kurulayın.

2. Küçük bir kasede yağ, limon suyu ve bir tutam tuz ve karabiberi çırpın. Yumurta, maydanoz ve kaparileri karıştırın.

3. Kuşkonmazı servis tabağına alın ve üzerine sosu gezdirin. Hemen servis yapın.

Parmesan ve Tereyağlı Kuşkonmaz

Asparagi alla Parmigiana

4 ila 6 porsiyon yapar

Buna bazen asparagi alla Milanese - kuşkonmaz, Milan tarzı - denir, ancak birçok farklı bölgede yenir. Beyaz kuşkonmaz bulabilirseniz, bu tedaviye özellikle iyi bakarlar.

1 pound kalın kuşkonmaz

Tuz

2 yemek kaşığı tuzsuz tereyağı

Taze çekilmiş karabiber

½ su bardağı taze rendelenmiş Parmigiano-Reggiano

1. Kuşkonmazın tabanını, sapın beyazdan yeşile döndüğü noktada kesin. Büyük bir tavada kaynatmak için yaklaşık 2 inç su getirin. Kuşkonmaz ve tuzu tatmak için ekleyin. Kuşkonmazları sap ucundan kaldırdığınızda hafifçe bükülene kadar 4 ila 8 dakika pişirin. Pişirme süresi kuşkonmazın kalınlığına bağlı olacaktır. Kuşkonmazı maşa ile çıkarın. Kağıt havluların üzerine boşaltın ve kurulayın.

2. Fırının ortasına bir raf yerleştirin. Fırını 450 ° F'ye önceden ısıtın. Büyük bir fırın tepsisini yağlayın.

3. Kuşkonmazları fırın tepsisine yan yana ve hafifçe üst üste gelecek şekilde dizin. Tereyağı ile noktalayın ve biber ve peynir serpin.

4. 15 dakika veya peynir eriyene ve altın rengi olana kadar pişirin. Hemen servis yapın.

Kuşkonmaz ve Prosciutto Paketleri

Fagottini di Asparagi

4 porsiyon yapar

Daha doyurucu bir yemek için, bazen her paketi Fontina Valle d'Aosta dilimleri, mozzarella veya iyi eriyecek başka bir peynirle dolduruyorum.

1 pound kuşkonmaz

Tuz ve taze çekilmiş karabiber

4 dilim ithal İtalyan jambonu

2 yemek kaşığı tereyağı

¼ su bardağı taze rendelenmiş Parmigiano-Reggiano

1. Kuşkonmazın tabanını, sapın beyazdan yeşile döndüğü noktada kesin. Büyük bir tavada kaynatmak için yaklaşık 2 inç su getirin. Kuşkonmaz ve tuzu tatmak için ekleyin. Kuşkonmazları sap ucundan kaldırdığınızda hafifçe bükülene kadar 4 ila 8 dakika pişirin. Pişirme süresi kuşkonmazın kalınlığına bağlı olacaktır. Kuşkonmazı maşa ile çıkarın. Kağıt havluların üzerine boşaltın ve kurulayın.

2. Fırının ortasına bir raf yerleştirin. Fırını 350 ° F'ye ısıtın. Büyük bir fırın tepsisini yağlayın.

3. Tereyağını büyük bir tavada eritin. Kuşkonmaz ekleyin ve üzerine tuz ve karabiber serpin. İki spatula kullanarak kuşkonmazı dikkatlice tereyağında çevirerek iyice kaplayın.

4. Kuşkonmazı 4 gruba ayırın. Her grubu bir dilim prosciutto'nun ortasına yerleştirin. Prosciutto'nun uçlarını kuşkonmazın etrafına sarın. Demetleri fırın tepsisine yerleştirin. Parmigiano serpin.

5. Kuşkonmazı 15 dakika veya peynir eriyene ve bir kabuk oluşana kadar pişirin. Sıcak servis yapın.

kavrulmuş Kuşkonmaz

Asparagi al Forno

4 ila 6 porsiyon yapar

Kızartma kuşkonmazın rengini alır ve doğal tatlılığını ortaya çıkarır. Et kızartırken bunlar mükemmeldir. Pişen eti fırından alıp dinlenirken kuşkonmazı pişirebilirsiniz. Bu tarif için kalın kuşkonmaz kullanın.

1 pound kuşkonmaz

¼ su bardağı zeytinyağı

Tuz

1. Fırının ortasına bir raf yerleştirin. Fırını 450 ° F'ye önceden ısıtın. Kuşkonmazın tabanını, sapın beyazdan yeşile döndüğü noktada kesin.

2. Kuşkonmazı, tek bir tabaka halinde tutacak kadar büyük bir fırın tepsisine yerleştirin. Yağ ve tuzla gezdirin. Yağ ile kaplamak için kuşkonmazı bir yandan diğer yana yuvarlayın.

3. 8 ila 10 dakika veya kuşkonmaz yumuşayana kadar pişirin.

Zabaglione'de Kuşkonmaz

Kuşkonmaz allo Zabaione

6 porsiyon yapar

Zabaglione, genellikle tatlı olarak tatlandırılarak servis edilen kabarık bir yumurta muhallebisidir. Bu durumda yumurtalar beyaz şarapla ve şekersiz çırpılır ve kuşkonmazın üzerinde servis edilir. Bu, bir bahar yemeği için zarif bir ilk yemek yapar. Kuşkonmazın soyulması isteğe bağlıdır, ancak kuşkonmazın uçtan sapa kadar yumuşak olmasını sağlar.

1 1/2 pound kuşkonmaz

2 büyük yumurta sarısı

1/4 su bardağı sek beyaz şarap

Bir tutam tuz

1 yemek kaşığı tuzsuz tereyağı

1. Kuşkonmazın tabanını, sapın beyazdan yeşile döndüğü noktada kesin. Kuşkonmazı soymak için, ucun altından başlayın ve döner bıçaklı bir soyucu kullanarak, koyu yeşil kabuğu gövde ucuna kadar soyun.

2.Büyük bir tavada kaynatmak için yaklaşık 2 inç su getirin. Kuşkonmaz ve tuzu tatmak için ekleyin. Kuşkonmazları sap ucundan kaldırdığınızda hafifçe bükülene kadar 4 ila 8 dakika pişirin. Pişirme süresi kuşkonmazın kalınlığına bağlı olacaktır. Kuşkonmazı maşa ile çıkarın. Kağıt havluların üzerine boşaltın ve kurulayın.

3.Bir çift kazanın veya tencerenin alt yarısında kaynamaya yaklaşık bir inç su getirin. Yumurta sarısını, şarabı ve tuzu benmarinin üstüne veya tencereye suya değmeden rahatça oturacak ısıya dayanıklı bir kaba koyun.

4.Yumurta karışımını karışana kadar çırpın, ardından tavayı veya kaseyi kaynayan suyun üzerine yerleştirin. El tipi bir elektrikli karıştırıcı veya tel çırpıcı ile karışım soluk renkli olana ve çırpıcılar kaldırıldığında yumuşak bir şekil alana kadar yaklaşık 5 dakika çırpın. Tereyağını sadece karışana kadar çırpın.

5.Sıcak sosu kuşkonmazın üzerine dökün ve hemen servis yapın.

Taleggio ve Çam Fıstığı ile Kuşkonmaz

Asparagi con Taleggio e Pinoli

6 ila 8 porsiyon yapar

Milano'daki ünlü gastronomi (gurme gıda mağazası) Peck's'den çok uzak olmayan Trattoria Milanese'dir. Yerel olarak yapılan ve İtalya'nın en iyi peynirlerinden biri olan tereyağlı, yarı yumuşak ve aromatik bir inek sütü peyniri olan taleggio ile tepesinde bu kuşkonmaz gibi basit, klasik Lombardiya yemeklerini denemek için harika bir yerdir. Taleggio yoksa Fontina ya da Bel Paese oyuna girebilir.

2 pound kuşkonmaz

Tuz

2 yemek kaşığı tuzsuz tereyağı, eritilmiş

6 ons taleggio, Fontina Valle d'Aosta veya Bel Paese, ısırık büyüklüğünde parçalar halinde kesilmiş

¼ su bardağı kıyılmış çam fıstığı veya dilimlenmiş badem

1 yemek kaşığı sade galeta unu

1. Fırının ortasına bir raf yerleştirin. Fırını 450 ° F'ye önceden ısıtın. 13 × 9 × 2 inçlik bir fırın tepsisini yağlayın.

2. Kuşkonmazın tabanını, sapın beyazdan yeşile döndüğü noktada kesin. Kuşkonmazı soymak için, ucun altından başlayın ve döner bıçaklı bir soyucu kullanarak, koyu yeşil kabuğu gövde ucuna kadar soyun.

3. Büyük bir tavada kaynatmak için yaklaşık 2 inç su getirin. Kuşkonmaz ve tuzu tatmak için ekleyin. Kuşkonmazları sap ucundan kaldırdığınızda hafifçe bükülene kadar 4 ila 8 dakika pişirin. Pişirme süresi kuşkonmazın kalınlığına bağlı olacaktır. Kuşkonmazı maşa ile çıkarın. Kağıt havluların üzerine boşaltın ve kurulayın.

4. Kuşkonmazı fırın tepsisine dizin. Tereyağı ile gezdirin. Peyniri kuşkonmazın üzerine yayın. Fındık ve ekmek kırıntılarını serpin.

5. Peynir eriyene ve fındıklar kızarana kadar yaklaşık 15 dakika pişirin. Sıcak servis yapın.

Kuşkonmaz

Kuşkonmaz Biçimlendirme

6 porsiyon yapar

Bunun gibi ipeksi pürüzsüz muhallebiler eski moda bir müstahzardır, ancak esasen çok lezzetli olduğu için birçok İtalyan restoranında popüler olmaya devam etmektedir. Pratik olarak herhangi bir sebze bu şekilde yapılabilir ve bu küçük kalıplar garnitür, ilk yemek veya vejetaryen ana yemek için iyidir. Kelimenin tam anlamıyla "küçük, kalıplanmamış şeyler" olan Sformatini, sade, domates veya peynir sosuyla veya tereyağlı sote sebzelerle çevrili olarak servis edilebilir.

1 fincan Beşamel sos

1 1/2 pound kuşkonmaz, kesilmiş

3 büyük yumurta

1/4 su bardağı taze rendelenmiş Parmigiano-Reggiano

Tuz ve taze çekilmiş karabiber

1. Gerekirse beşameli hazırlayın. Büyük bir tavada kaynatmak için yaklaşık 2 inç su getirin. Kuşkonmaz ve tuzu tatmak için ekleyin.

Kuşkonmazları sap ucundan kaldırdığınızda hafifçe bükülene kadar 4 ila 8 dakika pişirin. Pişirme süresi kuşkonmazın kalınlığına bağlı olacaktır. Kuşkonmazı maşa ile çıkarın. Kağıt havluların üzerine boşaltın ve kurulayın. Uçlardan 6 tanesini kesin ve bir kenara ayırın.

2. Kuşkonmazı bir mutfak robotuna koyun ve pürüzsüz olana kadar işleyin. Tatmak için yumurta, beşamel, peynir, 1 çay kaşığı tuz ve karabiberi karıştırın.

3. Fırının ortasına bir raf yerleştirin. Fırını 350 ° F'ye ısıtın. Altı adet 6 onsluk ramekin veya muhallebi kabını cömertçe yağlayın. Kuşkonmaz karışımını kaplara dökün. Fincanları büyük bir kızartma tavasına yerleştirin ve tavaya fincanların yarısına gelecek şekilde kaynar su dökün.

4. 50 ila 60 dakika veya ortasına yerleştirilen bir bıçak temiz çıkana kadar pişirin. Kalıpları tavadan çıkarın ve kenarlarından küçük bir bıçak geçirin. Kalıpları servis tabaklarına ters çevirin. Ayrılmış kuşkonmaz uçlarını ekleyin ve sıcak servis yapın.

Köy Usulü Fasulye

Fagioli alla Paesana

10 ila 12 kişilik servis yapan yaklaşık 6 bardak fasulye yapar

Bu, tüm fasulye türleri için temel bir pişirme yöntemidir. Islatılmış çekirdekler oda sıcaklığında bırakılırsa mayalanabilir, bu yüzden onları buzdolabına koyuyorum. Piştikten sonra üzerine sızma zeytinyağı gezdirerek olduğu gibi servis edin veya çorbalara veya salatalara ekleyin.

1 pound kızılcık, cannellini veya diğer kuru fasulye

1 havuç, kesilmiş

1 kereviz sapı ve yaprakları

1 soğan

2 diş sarımsak

2 yemek kaşığı zeytinyağı

Tuz

1. Çekirdekleri durulayın ve kırık çekirdekleri veya küçük taşları çıkarmak için toplayın.

2. Fasulyeleri 2 inç kaplayacak şekilde soğuk suyla büyük bir kaseye koyun. 4 saatten geceye kadar soğutun.

3. Fasulyeleri boşaltın ve 1 inç kaplayacak şekilde taze soğuk suyla büyük bir tencereye koyun. Suyu orta ateşte kaynamaya getirin. Isıyı düşük seviyeye indirin ve yüzeye yükselen köpüğü alın. Köpük yükselmeyi bıraktığında sebzeleri ve zeytinyağını ekleyin.

4. Tencerenin kapağını kapatın ve gerekirse daha fazla su ekleyerek 1 1/2 ila 2 saat pişirin, fasulyeler çok yumuşak ve kremsi olana kadar. Tatmak için tuz ekleyin ve yaklaşık 10 dakika bekletin. Sebzeleri atın. Sıcak veya oda sıcaklığında servis yapın.

Toskana Fasulyesi

Fagioli Stufati

6 porsiyon yapar

Toskanalılar fasulye pişirmenin ustalarıdır. Kurutulmuş baklagilleri bitkilerle birlikte zar zor köpüren sıvıda yavaş yavaş kaynatırlar. Uzun, yavaş pişirme, pişirirken şeklini koruyan yumuşak, kremsi çekirdekler verir.

Pişme durumunu belirlemek için her zaman birkaç fasulyeyi test edin, çünkü hepsi aynı anda pişmeyecektir. Fasulyeleri piştikten sonra ocakta bir süre bekletiyorum ki eşit şekilde pişsinler. Ilık olduklarında iyidirler ve mükemmel şekilde yeniden ısıtırlar.

Fasulye garnitür olarak veya çorbalarda iyidir ya da sarımsakla ovuşturulmuş ve üzerine yağ gezdirilmiş sıcak kızarmış İtalyan ekmeği üzerine kaşıkla koymayı deneyin.

8 ons kurutulmuş cannellini, kızılcık veya diğer fasulye

1 büyük diş sarımsak, hafifçe ezilmiş

6 taze adaçayı yaprağı veya küçük bir biberiye dalı veya 3 dal taze kekik

Tuz

Sızma zeytinyağı

Taze çekilmiş karabiber

1. Çekirdekleri durulayın ve kırık çekirdekleri veya küçük taşları çıkarmak için toplayın. Fasulyeleri 2 inç kaplayacak şekilde soğuk suyla büyük bir kaseye koyun. 4 saatten geceye kadar soğutun.

2. Fırını 300 ° F'ye önceden ısıtın. Fasulyeleri boşaltın ve bir Hollanda fırınına veya sıkıca kapanan bir kapağı olan başka bir derin, ağır tencereye koyun. 1 inç kaplayacak şekilde taze su ekleyin. Sarımsak ve adaçayı ekleyin. Kısık ateşte kaynama noktasına getirin.

3. Tencerenin kapağını kapatın ve fırının orta rafına yerleştirin. Fasulyelerin türüne ve yaşına bağlı olarak yaklaşık 1 saat 15 dakika veya daha fazla, fasulyeler iyice yumuşayana kadar pişirin. Fasulyeleri kapalı tutmak için daha fazla suya ihtiyaç olup olmadığını görmek için ara sıra kontrol edin. Bazı fasulyeler 30 dakika daha fazla pişirme süresi gerektirebilir.

4. Fasulyenin tadına bakın. Tamamen yumuşadıklarında tadına bakmak için tuz ekleyin. Fasulyeleri 10 dakika bekletin. Bir çiseleyen zeytinyağı ve bir tutam karabiber ile sıcak servis yapın.

Fasulye salatası

Insalata di Fagioli

4 porsiyon yapar

Fasulyeleri sıcakken terbiye etmek, tatların daha iyi emilmesini sağlar.

2 yemek kaşığı sızma zeytinyağı

2 yemek kaşığı taze limon suyu

Tuz ve taze çekilmiş karabiber

Cannellini veya kızılcık fasulyesi gibi 2 su bardağı sıcak pişmiş veya konserve fasulye

1 küçük sarı dolmalık biber, doğranmış

1 bardak çeri domates, yarıya veya dörde bölünmüş

1/2 inçlik parçalar halinde kesilmiş 2 yeşil soğan

1 demet roka, doğranmış

1. Orta boy bir kapta, tadına bakmak için yağ, limon suyu ve tuz ve karabiberi birlikte çırpın. Fasulyeleri süzün ve sosa ekleyin. İyice karıştırın. 30 dakika bekletin.

2. Biber, domates ve soğanı ekleyin ve birlikte atın. Tatlandırın ve baharatı ayarlayın.

3. Rokayı bir tabağa alın ve üzerine salatayı ekleyin. Hemen servis yapın.

Fasulye ve Lahana

Fagioli ve Cavolo

6 porsiyon yapar

Bunu makarna veya çorba yerine ilk yemek olarak veya kızarmış domuz veya tavukla garnitür olarak servis edin.

2 ons pancetta (4 kalın dilim), 1/2 inçlik şeritler halinde kesin

2 yemek kaşığı zeytinyağı

1 küçük soğan, doğranmış

2 büyük diş sarımsak

1/4 çay kaşığı ezilmiş kırmızı biber

4 su bardağı kıyılmış lahana

1 su bardağı doğranmış taze veya konserve domates

Tuz

3 su bardağı süzülmüş pişmiş veya konserve cannellini veya kızılcık fasulyesi

1. Büyük bir tavada pancetta'yı zeytinyağında 5 dakika pişirin. Soğan, sarımsak ve acı biberi ilave edin ve soğan yumuşayana kadar yaklaşık 10 dakika pişirin.

2. Tatmak için lahana, domates ve tuz ekleyin. Isıyı düşük seviyeye indirin ve tavayı kapatın. 20 dakika veya lahana yumuşayana kadar pişirin. Fasulyeleri karıştırın ve 5 dakika daha pişirin. Sıcak servis yapın.

Domates-Adaçayı Soslu Fasulye

Fagioli all'Uccelletto

8 porsiyon yapar

Bu Toskana fasulyeleri, küçük av kuşları gibi adaçayı ve domatesle pişirilir, dolayısıyla İtalyan adıdır.

1 pound kurutulmuş cannellini veya Great Northern fasulyesi, durulanmış ve toplanmış

Tuz

2 dal taze adaçayı

3 büyük diş sarımsak

¼ su bardağı zeytinyağı

3 büyük domates, soyulmuş, çekirdekleri çıkarılmış ve doğranmış veya 2 su bardağı konserve domates

1. Fasulyeleri 2 inç kaplayacak şekilde soğuk suyla büyük bir kaseye koyun. 4 saatten geceye kadar ıslatmak için buzdolabına koyun.

2.Fasulyeleri süzün ve 1 inç kaplayacak şekilde soğuk suyla büyük bir tencereye koyun. Sıvıyı kaynama noktasına getirin. Örtün ve fasulyeler yumuşayana kadar 11/2 ila 2 saat pişirin. Tatmak için tuz ekleyin ve 10 dakika bekletin.

3.Büyük bir tencerede, adaçayı ve sarımsağı orta ateşte yağda pişirin, sarımsağı bir kaşığın arkasıyla sarımsağı altın rengi olana kadar yaklaşık 5 dakika düzleştirin. Domatesleri karıştırın.

4.Fasulyeleri boşaltın, sıvıyı ayırın. Fasulyeleri sosa ekleyin. 10 dakika pişirin, çekirdekler kurursa ayrılan sıvıdan biraz ekleyin. Ilık veya oda sıcaklığında servis yapın.

Nohut Yahnisi

Zimino'da Ceci

4 ila 6 porsiyon yapar

Bu doyurucu güveç kendi başına iyidir veya bir çorbaya dönüştürmek için biraz pişmiş küçük makarna veya pirinç ve su veya et suyu ekleyebilirsiniz.

1 orta boy soğan, doğranmış

1 diş sarımsak, ince kıyılmış

4 yemek kaşığı zeytinyağı

1 pound İsviçre pazı veya ıspanak, kesilmiş ve doğranmış

Tuz ve taze çekilmiş karabiber

3 1/2 su bardağı süzülmüş pişmiş veya konserve nohut

Sızma zeytinyağı

1. Orta boy bir tencerede, yağda soğan ve sarımsağı orta ateşte altın rengi olana kadar 10 dakika pişirin. İsviçre pazı ve tuzu tatmak için ekleyin. Örtün ve 15 dakika pişirin.

2. Nohutları pişirme sıvısı veya suyuyla birlikte ekleyin ve tadına bakmak için tuz ve karabiber ekleyin. Örtün ve 30 dakika daha pişirin. Ara ara karıştırarak nohutların bir kısmını kaşığın arkasıyla ezin. Karışım çok kuru hale gelirse biraz daha sıvı ekleyin.

3. Servis yapmadan önce biraz soğumaya bırakın. İsterseniz biraz sızma zeytinyağı gezdirin

Acı Yeşillikli Bakla

Favori e Cicoria

4 ila 6 porsiyon yapar

Kurutulmuş bakla, dünyevi, hafif acı bir tada sahiptir. Onları satın alırken soyulmuş çeşidi arayın. Biraz daha pahalıdırlar, ancak sert derilerden kaçınmak için buna değer. Ayrıca derili favalardan daha hızlı pişerler. Etnik pazarlarda ve doğal gıdalarda uzmanlaşmış olanlarda kurutulmuş soyulmuş bakla bulabilirsiniz.

Bu tarif, neredeyse ulusal yemek olduğu Puglia'dan. Hindiba, brokoli rabe, şalgam yeşillikleri veya karahindiba gibi her türlü acı yeşillik kullanılabilir. Pişirirken sebzelere bir tutam kırmızı biber eklemeyi seviyorum ama bu geleneksel değil.

8 ons soyulmuş kuru fava fasulyesi, durulanmış ve süzülmüş

1 orta boy patates, soyulmuş ve 1 inçlik parçalar halinde kesilmiş

Tuz

1 pound hindiba veya karahindiba yeşillikleri, kesilmiş

¼ su bardağı sızma zeytinyağı

1 diş sarımsak, ince kıyılmış

Bir tutam ezilmiş kırmızı biber

1. Fasulyeleri ve patatesleri geniş bir tencereye koyun. 1/2 inç kaplayacak şekilde soğuk su ekleyin. Bir kaynamaya getirin ve fasulyeler çok yumuşak olana ve parçalanana ve tüm su emilene kadar pişirin.

2. Tatmak için tuz ekleyin. Fasulyeleri bir kaşık arkası veya patates ezici ile ezin. Yağı karıştırın.

3. Kaynatmak için büyük bir tencereye su getirin. Tatmak için yeşillikleri ve tuzu ekleyin. Yeşilliklerin çeşidine göre 5 ila 10 dakika yumuşayana kadar pişirin. İyice süzün.

4. Tencereyi kurutun. Yağı, sarımsağı ve toz kırmızıbiberi ekleyin. Sarımsak altın rengi olana kadar yaklaşık 2 dakika orta ateşte pişirin. Süzülmüş yeşillikleri ve tuzu tadına ekleyin. İyi at.

5. Fasulye püresini servis tabağına yayın. Üzerine yeşillikleri dizin. İstenirse daha fazla yağ gezdirin. Sıcak veya ılık servis yapın.

Taze Bakla, Roma Usulü

En sevdiğiniz alla Romana

4 porsiyon yapar

Baklalarındaki taze bakla, orta ve güney İtalya'da önemli bir bahar sebzesidir. Romalılar onları kabuklarından çıkarmayı ve genç pecorino peyniri eşliğinde çiğ yemeyi severler. Fasulye ayrıca bezelye ve enginar gibi diğer bahar sebzeleri ile haşlanır.

Baklalar çok genç ve yumuşaksa, her bir çekirdeği kaplayan ince kabuğun soyulması gerekmez. Yumuşak olup olmadıklarına karar vermek için birini kabuklu, diğerini kabuksuz yemeyi deneyin.

Taze favanın tadı ve dokusu, kurutulmuş favadan tamamen farklıdır, bu nedenle birbirinin yerine geçmeyin. Taze fava bulamıyorsanız, birçok İtalyan ve Orta Doğu pazarında satılan dondurulmuş fasulyelere bakın. Taze veya dondurulmuş lima fasulyesi de bu yemekte iyi çalışır.

1 küçük soğan, ince kıyılmış

4 ons pancetta, doğranmış

2 yemek kaşığı zeytinyağı

4 pound taze bakla, kabuklu (yaklaşık 3 bardak)

Tuz ve taze çekilmiş karabiber

¼ su bardağı su

1. Orta boy bir tavada, zeytinyağında soğan ve pancetta'yı orta ateşte 10 dakika veya altın rengi olana kadar pişirin.

2. Fava fasulyelerini ve tadına bakmak için tuz ve karabiberi karıştırın. Suyu ekleyin ve ısıyı düşürün. Tavayı kapatın ve 5 dakika veya fasulye neredeyse yumuşayana kadar pişirin.

3. Tavayı açın ve fasulye ve pancetta hafifçe kızarana kadar yaklaşık 5 dakika pişirin. Sıcak servis yapın.

Taze Bakla, Umbria Usulü

Scafata

6 porsiyon yapar

Bakla baklaları sert ve gevrek olmalı, kırışık veya yumuşak olmamalıdır, bu da çok eski olduklarını gösterir. Bakla ne kadar küçük olursa, fasulye o kadar yumuşak olur. Şekil 1 fincan kabuklu bakla için 1 pound taze baklayı kapta toplayın.

2 1/2 pound taze bakla, kabuklu veya 2 su bardağı dondurulmuş bakla

1 pound pazı, kırpılmış ve 1/2 inçlik şeritler halinde kesilmiş

1 soğan, doğranmış

1 orta boy havuç, doğranmış

1 kereviz kaburga, kıyılmış

1/4 su bardağı zeytinyağı

1 çay kaşığı tuz

Taze çekilmiş karabiber

1 orta boy olgun domates, soyulmuş, çekirdekleri çıkarılmış ve doğranmış

1. Orta boy bir tencerede, domates hariç tüm malzemeleri birlikte karıştırın. Örtün ve ara sıra karıştırarak 15 dakika veya fasulye yumuşayana kadar kısık ateşte pişirin. Sebzeler yapışmaya başlarsa biraz su ekleyin.

2. Domatesi ilave edip kapağı açık olarak 5 dakika pişirin. Sıcak servis yapın.

Yağlı ve Limonlu Brokoli

Brokoli al Agro

6 porsiyon yapar

Bu, güney İtalya'da birçok çeşit pişmiş yeşil sebzeye hizmet etmenin temel yoludur. Her zaman oda sıcaklığında servis edilirler.

1½ pound brokoli

Tuz

¼ su bardağı sızma zeytinyağı

1 ila 2 yemek kaşığı taze limon suyu

Garnitür için limon dilimleri

1. Brokoliyi büyük çiçeklere ayırın. Sapların uçlarını kesin. Sert cildi döner bıçaklı bir sebze soyucu ile soyun. Kalın sapları çapraz olarak 1/4 inçlik dilimler halinde kesin.

2. Kaynatmak için büyük bir tencereye su getirin. Tatmak için brokoliyi ve tuzu ekleyin. Brokoli yumuşayana kadar 5 ila 7 dakika pişirin. Süzün ve akan soğuk su altında hafifçe soğutun.

3. Brokoliyi yağ ve limon suyuyla gezdirin. Limon dilimleri ile süsleyin. Oda sıcaklığında servis yapın.

Brokoli, Parma Usulü

Brokoli alla Parmigiana

4 porsiyon yapar

Çeşitlilik için bu yemeği karnabahar ve brokoli kombinasyonu ile yapın.

1½ pound brokoli

Tuz

3 yemek kaşığı tuzsuz tereyağı

Taze çekilmiş karabiber

½ su bardağı taze rendelenmiş Parmigiano-Reggiano

1. Brokoliyi büyük çiçeklere ayırın. Sapların uçlarını kesin. Sert cildi döner bıçaklı bir sebze soyucu ile soyun. Kalın sapları çapraz olarak 1/4 inçlik dilimler halinde kesin.

2. Kaynatmak için büyük bir tencereye su getirin. Tatmak için brokoliyi ve tuzu ekleyin. Brokoli kısmen bitene kadar yaklaşık 5 dakika pişirin. Süzün ve soğuk su altında soğutun.

3.Fırının ortasına bir raf yerleştirin. Fırını 375 ° F'ye ısıtın. Brokoliyi alacak kadar büyük bir fırın tepsisini yağlayın.

4.Mızrakları hazırlanan tabakta hafifçe üst üste gelecek şekilde düzenleyin. Tereyağı ile nokta ve biber serpin. Peyniri üstüne serpin.

5.10 dakika veya peynir eriyene ve hafifçe kızarana kadar pişirin. Sıcak servis yapın.

Sarımsaklı ve Acı Biberli Brokoli Rabe

Cime di Rape col Peperoncino

4 porsiyon yapar

Baharatlı brokoli rabe söz konusu olduğunda bu tariften daha iyisi olamaz. Bu yemek normal brokoli veya karnabahar ile de yapılabilir. Bazı versiyonlar, sarımsak ve yağ ile sotelenmiş birkaç hamsi içerir veya tuzlu bir keskinlik için bir avuç zeytin eklemeyi deneyin. Bu aynı zamanda makarna için harika bir sos yapar.

1½ pound brokoli rabe

Tuz

3 yemek kaşığı zeytinyağı

2 büyük diş sarımsak, ince dilimlenmiş

Bir tutam ezilmiş kırmızı biber

1. Brokoliyi çiçeklerine ayırın. Sapların tabanını kesin. Sapları soymak isteğe bağlıdır. Her çiçeği çapraz olarak 2 veya 3 parçaya kesin.

2.Kaynatmak için büyük bir tencereye su getirin. Tatmak için brokoli rabe ve tuz ekleyin. Brokoli neredeyse yumuşayana kadar yaklaşık 5 dakika pişirin. Boşaltmak.

3.Tencereyi kurutun ve yağı, sarımsağı ve kırmızı biberi ekleyin. Sarımsak hafifçe altın olana kadar yaklaşık 2 dakika orta ateşte pişirin. Brokoli ve bir tutam tuz ekleyin. İyice karıştırın. Örtün ve yumuşayana kadar 3 dakika daha pişirin. Sıcak veya oda sıcaklığında servis yapın.

prosciutto ile brokoli

Brasato di Brokoli

4 porsiyon yapar

Bu tarifteki brokoli, çatalla ezilecek kadar yumuşayıncaya kadar pişirilir. Garnitür olarak servis edin veya crostini için kızarmış İtalyan ekmeğinin üzerine yayın.

1 1/2 pound brokoli

Tuz

1/4 su bardağı zeytinyağı

1 orta boy soğan, doğranmış

1 diş sarımsak, ince kıyılmış

4 ince dilim ithal İtalyan prosciutto, çaprazlamasına ince şeritler halinde kesilmiş

1. Brokoliyi büyük çiçeklere ayırın. Sapların uçlarını kesin. Sert cildi döner bıçaklı bir sebze soyucu ile soyun. Kalın sapları çapraz olarak 1/4 inçlik dilimler halinde kesin.

2. Kaynatmak için büyük bir tencereye su getirin. Tatmak için brokoliyi ve tuzu ekleyin. Brokoli kısmen bitene kadar yaklaşık 5 dakika pişirin. Süzün ve soğuk su altında soğutun.

3. Tencereyi kurutun ve yağı, soğanı ve sarımsağı ekleyin. Orta ateşte altın rengi olana kadar yaklaşık 10 dakika pişirin. Brokoliyi karıştırın. Örtün ve ısıyı düşük seviyeye getirin. Brokoli yumuşayana kadar yaklaşık 15 dakika pişirin.

4. Brokoliyi bir patates ezici veya çatalla kabaca ezin. Prosciuttoyu karıştırın. Tuz ve karabiberle tatlandırın. Sıcak servis yapın.

Brokoli Rabe ile Ekmek Lokmaları

Mursi con Cime di Rape

4 porsiyon yapar

Bir minestra, makarna veya pirinçle yapılan yoğun bir çorba veya Puglia'dan gelen ve içinde küp ekmek bulunan doyurucu bir sebze yemeği olabilir. Muhtemelen ekmek artıkları ve dolduracak çok ağzı olan tutumlu bir ev hanımı tarafından icat edilmiş olsa da, ilk yemek için veya domuz kaburga veya pirzola ile garnitür olarak yeterince lezzetlidir.

1½ pound brokoli rabe

3 diş sarımsak, ince dilimlenmiş

Bir tutam ezilmiş kırmızı biber

⅓ su bardağı zeytinyağı

4 ila 6 (½ inç kalınlığında) dilim İtalyan veya Fransız ekmeği, lokma büyüklüğünde parçalar halinde kesilmiş

1. Brokoliyi çiçeklerine ayırın. Sapların tabanını kesin. Sapları soymak isteğe bağlıdır. Her çiçeği çapraz olarak 1 inçlik parçalara kesin.

2. Kaynatmak için büyük bir tencereye su getirin. Tatmak için brokoli rabe ve tuz ekleyin. Brokoli neredeyse yumuşayana kadar yaklaşık 5 dakika pişirin. Boşaltmak.

3. Büyük bir tavada sarımsak ve kırmızı biberi yağda 1 dakika pişirin. Ekmek küplerini karıştırın ve ekmek hafifçe kızarana kadar yaklaşık 3 dakika sık sık karıştırarak pişirin.

4. Brokoli püresini ve bir tutam tuzu ilave edip karıştırın. 5 dakika daha karıştırarak pişirin. Sıcak servis yapın.

www.ingramcontent.com/pod-product-compliance
Lightning Source LLC
Chambersburg PA
CBHW071433080526
44587CB00014B/1833